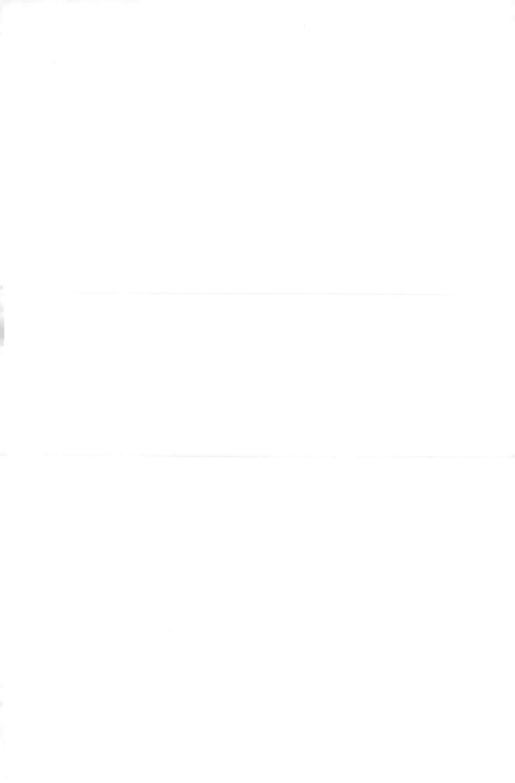

教出會
獨立思考
的小孩

教你的孩子學會表達
「事實」與「邏輯」的能力

苅野進、野村龍一◎著　侯美華◎譯

頭のいい子が育つ
ロジカルシンキングの習慣

自由學習 26

教出會獨立思考的小孩

教你的孩子學會表達「事實」與「邏輯」的能力

（原書名：寫給孩子的邏輯思考書）

作　　者　莇野進、野村龍一
譯　　者　侯美華
責任編輯　林博華
行銷業務　劉順眾、顏宏紋、李君宜

總 編 輯　林博華
發 行 人　凃玉雲
出　　版　經濟新潮社
104台北市民生東路二段141號5樓
電話：(02)2500-7696　傳真：(02)2500-1955
經濟新潮社部落格：http://ecocite.pixnet.ne
發　　行　英屬蓋曼群島商家庭傳媒股份有限公司城邦分公司
台北市中山區民生東路二段141號11樓
客服服務專線：02-25007718；25007719
24小時傳真專線：02-25001990；25001991
服務時間：週一至週五上午09:30-12:00；下午13:30-17:00
劃撥帳號：19863813；戶名：書虫股份有限公司
讀者服務信箱：service@readingclub.com.tw
香港發行所　城邦（香港）出版集團有限公司
香港灣仔駱克道193號東超商業中心1樓
電話：852-2508 6231　傳真：852-2578 9337
E-mail: hkcite@biznetvigator.com
馬新發行所　城邦（馬新）出版集團Cite (M) Sdn Bhd
41, Jalan Radin Anum, Bandar Baru Sri Petaling,
57000 Kuala Lumpur, Malaysia.
電話：(603) 90578822　傳真：(603) 90576622
E-mail: cite@cite.com.my
印　　刷　一展彩色製版有限公司
初版一刷　2013年10月15日
二版一刷　2020年2月13日

城邦讀書花園
www.cite.com.tw

ISBN：978-986-98680-1-3

售價：350元
Printed in Taiwan

前言

培育出獨立自主的社會人——如果說這就是小學教育的最終目標，應該不為過吧。

但是，如果問到「獨立自主的社會人應該具備哪些特質」，則是天馬行空，各式各樣的答案都有。

這正好反映出在現實生活中，活躍於各行各業的成年人其自傲與錯綜複雜的心情。

我們所設立的「學習塾Lojim」，是由一群企管顧問所開設的補習班。

在這個補習班裡，會教導中小學生「邏輯思考」（logical thinking）的課程。

為什麼要教邏輯思考呢？

這個答案，是我剛開始從事企管顧問的工作時，從上司的口中聽到，歸納得來的：「像我們這麼年輕的顧問，要能夠清楚地傳達意見給客戶（公司），就必須把『事實』和『邏輯』有秩序地架構起來。」

在日本社會中，依靠約定俗成的「人情義理」而進行工作的情形，確實很常見。就連教小孩子的時候，也要求「處理事情要先符合人情，再求符合道理」。然而現今的世界，和不同文化、不同觀念的對象往來的機會越來越多，商業環境越來越國際化了，傳統的「人情義理」的影響力明顯地減弱。

我不是要否定「人情義理」的重要性；然而，身為一個企管顧問，筆者在針對社會人士開設的邏輯思考講座當中，強烈感受到日本的成年人有秩序地架構「事實」和「邏輯」，向對方清楚傳達事情的能力不足這個事實。

因此，我們所開設的「邏輯思考」課程，希望能傳授以下兩件事：

在社會中依靠「人情義理」來工作

• 正確地表達「事實」和「邏輯」的技能
• 想傳達的內容能正確無誤地傳達給對方的技能

也有人表示，在日本根本找不到針對小孩子而開設的邏輯思考課程。實際上，許多家長體會到，為了讓孩子在全球化的世界（日本式的「人情義理」可能行不通）也能生存得很好，許多家長選擇了我們的課程。這是因為，現在身為社會人士正在打拼的家長們，也感受到「邏輯思考」的重要性。

對十歲上下的孩子們來說，即使告訴他們「這是身為社會人士必須具備的能力」，他們也不會感興趣，這是理所當然的。

在課堂上，我們投入了相當多心力，透過運用國語、社會、數學與自然四個學科的例子，或是孩子們切身的題材和相關的事物，以激發孩子們的學習欲望。

本書的第二單元是課堂上的實際授課狀況，我想大家應該能感受到實際上課的氛圍。

孩子運用邏輯思考的能力，有賴於平日與孩子互動的各位家長的努力參與，才能大幅提升。

期待孩子成長，是許多家長共同的心願，希望本書能成為各位在指導孩子時的一臂之力。

苅野進

二〇一一年九月

目次

教出會獨立思考的小孩

目錄

PART 1 邏輯思考，讓孩子更聰明

第❶章 對孩子來說，為什麼邏輯思考很重要？

第❷章 懂得邏輯思考，究竟有什麼好處？

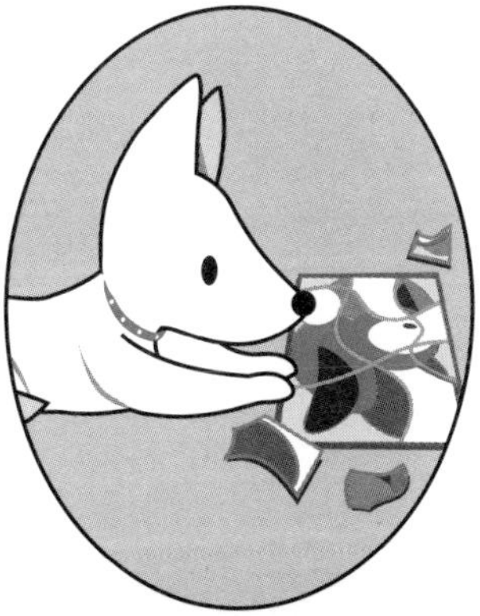

PART 2 邏輯思考的教學現場

第❸章 注意表達時的連貫性 I

第4章 注意表達時的連貫性Ⅱ

第5章 利用「假設」來進行思考

第❻章 整理資訊不遺漏、不重複

PART 1
邏輯思考，讓孩子更聰明

第❶章
對孩子來說，為什麼邏輯思考很重要？

①邏輯思考是出社會工作必備的技能

身為社會人，總是在嘗試錯誤中前進

在我們的補習班裡，有針對小學一年級生的邏輯思考（logical thinking）課程。

有時會被問到：「為什麼要教小孩子邏輯思考呢？」

如果用淺顯易懂的說法，我會回答說：「是為了進入職場做準備。」

因為進入職場工作之後，所面對的通常不是「早有答案」的情況，而比較多的是「必須從現狀開始一步一步摸索著前進」的情況。

這時候，如果亂猜一通而決定前進方向是行不通的。必須要在大家覺得「嗯，這樣做有某種程度的正確性」的共識之下，一邊「嘗試錯誤」一邊推進工作。

這是身為社會人士，理所當然的思考方式與行動方式。

不論是大學畢業即將進入職場的社會新鮮人，或是即將升為主管、必須帶領屬下的情況，都一定要學會邏輯思考。

所謂的邏輯思考，並非一定要提出新的解決方案，而是在「某種程度的正確性」之下前進的思考方法。

我認為這就是社會上一般人認為邏輯思考是必備技能的理由。

社會人必須能正確地讀寫，正確地表達

- 正確地解讀對方想傳達的內容
- 正確地表達自己想傳達的內容

看起來好像很簡單，實際上卻是非常困難的事。

如果你的表達方式會讓不同的聽話者解讀成不同的意思，就會造成混亂，使得氣氛緊張起來。

同時，如果缺乏正確解讀的能力，也會造成糾紛、誤解等等的不良後果。

例如，看看以下的例子：

「我知道A同學成績沒有進步的原因。他今天也忘記帶作業，他忘東忘西的，就連水壺也經常忘了帶；一定要養成習慣，把該做的事寫在備忘事項裡，一項一項檢查。入學考試當天要是忘了帶文具或是准考證，那就麻煩了。預習功課的方法也有問題，不能只是做例題，要自己對照解答計算得分後再重新算一次；複習也很草率，請將答錯的題目重新算三次。什麼！已經這樣做了！那麼，這樣就沒問題。總之，為了能通過入學考試，下週的測驗是很重要的，經由下週測驗的成績就能大致了解正式考試的結果。請一定要加油！」

學生的家長如果接到這樣的通知，大概只會記得「作業」和「下週要考試」這兩件事吧。

必須告知家長的事項和其他不太重要的事情混在一起，這樣會搞不清楚重點是什麼。

老師這邊要先釐清，要傳達的事情是「成績沒有進步的原因」和「希望家長協助的事項」。

沒有採取正確的表達方式，將無法達到「提升A同學成績」的重要目的，結果只是「有聯絡過」而已。

> A高中考上東京大學的人數，是去年的五倍。

這句話是否表示，A高中的教學方式已經有所提升？

> A先生說：「B先生說了，我很可惡！」

到底B先生是說「自己本人很可惡」呢？還是指責「A先生很可惡」？

所以，應該多練習「不使用模糊、容易被誤解的說話方式」，假以時日，在聽別人說話時，也能瞬間察覺到有問題的地方。

雖然，孩子們從家庭、幼稚園一直到大學，通常在十分類似的環境下成長，身邊也圍繞著價值觀雷同的人，但是，其中也會產生許多特殊的語言表達方式。即使是和不同背景、文化的人溝通，也要盡量避免模糊、容易被誤解的表達方式和解讀。

這項技能就是「邏輯思考」的重點。

② 邏輯思考的盲點

講求邏輯的人不討人喜歡？

然而，在現實生活中，講求邏輯的人通常並不受歡迎，或是會被認為「這個人很奇怪」。

我認為最主要的原因可能是不通人情，只是一味追求形式、符合邏輯所致。

「總之，就說我的主張和說法應該是容易理解的。」

「一開始我就表明有三件想說的事，應該很容易了解。」

「就說以這個方法來分析，應該能達成符合世界標準的分析。」

像這樣一味地追求邏輯思考書籍裡的話術，加上許多人認為「就是這樣的話術才正確」，而導致講求邏輯的人不受人歡迎。

這樣的人即使能顧全形式、符合邏輯，卻未能洞察其真義，也就是尚未將「邏輯思考」內化成為能夠運用自如的技能。

真正的邏輯思考是：能夠正確地推演邏輯，並且以對方容易理解的方式傳達給對方，這兩者必須兼顧。

在工作場合或是人際溝通時，並不是形式上符合邏輯就能向對方清楚的傳達。必須能夠將豐富的內在意涵，以容易理解的方式表現出來。

如果沒有實質的內容，即使是有條理、符合邏輯，也無法代替其內在意涵。

說話合乎邏輯的人容易落入的陷阱

有些人給別人這樣的印象：「他說話很有邏輯」或是「他說話非常有條理」。但是這樣的人實際上常常無法將想表達的意思傳達給對方。

其實，是否採取合乎邏輯的形式並不重要，不使人感到壓力而能將意思傳達給對方理解，才是原本的目的。

有些人或許是因為經驗還不夠，所以只先做到了形式上合乎邏輯。

因此我覺得，**說話方式可以合乎邏輯，但是要做到盡量不引人注目，也就是能夠非常順暢地表達意思。**

可以從小就學習如何平順地表達合乎邏輯的意見，不光是徒具形式而已，這樣一來，就可以避免長大後還讓人覺得「他說話很奇怪」！

③ 正因為是小孩，才更要學習邏輯思考

掌握了形式加上不斷練習，就會開始有效果

「這個答案是錯的，因為根據我的計算，答案是○○。」

「你的計算結果未必正確吧！」

「我想說的事情有十個之多……」

「太多了！」

教室裡，不時穿插著這樣輕鬆的對話。

雖然孩子們忠實地執行課堂上所學到的「形式」，但是卻稍有誤差。

教室中的實況

這樣的誤差可以藉由經驗加以補救。和生活上所遭遇的問題一樣，屬於思考工具的邏輯思考也沒有所謂的標準答案。怎樣的情況下應該如何嘗試錯誤？什麼樣的假設能成立？如何清楚傳達自己的意見？要理解了方法之後，透過不斷地運用，就可以學會這些能力。

這是讓孩子體驗失敗的寶貴時期

儘管會經歷這些狀況，但這正是教小孩子邏輯思考我認為會有效果的原因。就像前面章節所述，成年人也和小孩一樣，一開始會專注於做到合乎邏輯思考的形式，然而，在成人的世界中，不會像小孩子那樣因為看起來奇怪可笑而遭到指正，反而會被認為：「這傢伙真討厭，總是將沒什麼大不了的事情說得多了不起似的！」

在孩子的世界裡就不會這樣。

在課堂上遭到老師的指正，孩子之間有時就直接吵了起來。

這個時期的小孩子，正是能夠不計較、不在乎這些失敗的時期。

一不小心就傷害到對方。對方為什麼不能接受呢？從這當中，孩子能漸漸學會這種情感交流，與別人和諧相處的方法。

這些都不會阻礙同伴之間的交流。

對切身的疑問提出假設，然後嘗試去解決。

孩童時期是獲得這樣的寶貴體驗而不花費任何成本的人生階段。

孩子會質疑教科書上寫得理所當然的「若A則B」，經由實驗去求證是否為真，這個階段裡有充分的時間讓孩子不斷獲得這樣的體驗。

④ 邏輯思考讓成績更好

利用邏輯思考，突破背誦能力的極限

在邏輯思考課堂上所學的內容，對於進入職場工作當然有幫助，但即便是對小學生當下的課業、學習，也有很大的幫助，

學力的提升，可說是取決於邏輯思考發揮了多少效用。

任何孩子能背誦的數量有一定的極限。

為了突破背誦的極限，就需要有運用邏輯整理資訊的能力。

為了整合有限的知識，就要運用邏輯來進行推演，這正是大家所熟知的「應用力」。

菁英學校透露的線索

（例題1）

有一奇數a且3≦a≦9999，求a×a－a能被10000整除的a值為何。

（例題2）

實驗1　在集氣瓶A（廣口瓶）中放入已點燃的蠟燭，蓋上瓶蓋後沒多久燭火就熄滅了，集氣瓶內部出現了煙霧。

實驗2　在實驗1結束後，立刻在集氣瓶A中再次放入已點燃的蠟燭並蓋上瓶蓋，這時燭火立刻熄滅。

問題：根據實驗1和實驗2的結果，下列選項中哪2個選項是對的？

（a）為使蠟燭燃燒，消耗了氧氣。

（b）空氣中含有能讓蠟燭燃燒的某種氣體。
（c）蠟燭熄滅後的氣體中，能讓蠟燭燃燒的某種氣體減少了。
（d）燭火之所以熄滅，是因為集氣瓶A中出現了水的緣故。
（e）蠟燭燃燒後產生了二氧化碳。

（例題1）是東京大學入學考試數學科的試題；（例題2）是櫻蔭學園國中部入學考試理化科的試題。

菁英學校，也就是排名在前面的這些學校，其考題很少只考基礎知識，像上述能測出學生應用能力的題型，一直是必考題。

題目看似簡單，但是在長期欠缺思考習慣的孩子越來越多的現在，這是很有鑑別力的題目。

放棄這種題型、依靠背誦學習，雖然可能勉強通過考試；但是從學校入學試題一直出現這樣的題型來看，希望大家好好認清這個訊息：校方一直希望能招收到具備邏輯思考力的學生。

日本學生學力的全球排名

自二〇〇〇年起，經濟合作暨發展組織（OECD）針對年齡在十五歲三個月至十六歲二個月的世界各國學生舉辦「國際學生能力評量計畫」（The Program for International Student Assessment），簡稱PISA。

這個評量計畫的目的是：測試學生在實際生活中能否靈活運用數學、科學和閱讀三個領域的相關知識；跳脫個別的學科內容，試圖檢測出學生離開學校之後，適應現實社會的生存能力。根據二〇〇六年公布的測驗結果，日本學生在各個領域的排名大幅下滑，引發社會各界議論紛紛！

例如下列的情境式問題，即是常見的題型。

> 請閱讀某位女性所寫的報導文章，並回答以下問題。
>
> 問題：這位女性作者希望這篇文章語氣親切，而且能促使讀者採取行動，你

認為她成功達成目標了嗎？請根據這篇報導的版面設計編排等各方面，具體說明你的想法。

不知是不是什麼對策發揮了作用，二〇〇六年之後，日本在PISA的國際排名稍有進步；然而對於培養學生運用必備的邏輯思考解決問題的新能力，在小學階段必須實施什麼樣的教學要領，尚未見到教育當局採取任何具體作為。

我發現，有許多家長認為「在文部科學省綜合各方意見，並於教育現場開始實施新做法，這件事不知道要等幾年。這段期間我的孩子將會錯過寶貴的機會。」因而選擇了我們的邏輯思考補習班。

教育＝為考試而學習的潮流。

然而和以前相比，少子化的今天不思考也能及格，及格≠具備足夠的學力。

光是為了及格而持續學習是不夠的，靠著背誦、記憶也能及格，但是這樣的學習成果並不代表學生已經學會了面對現實社會所必備的知識和技能，也就是學力。

⑤學力並非知識的數量，而是為了以後能持續學習的必備技能

「為考試而學習將無法真正學到東西」，真的嗎？

對絕大多數未來並不會成為學者的孩子而言，為了中學入學考試而學習，其目的不是學得知識，而是在面對複雜的問題時，懂得：

1. 提出假設、嘗試錯誤。
2. 了解自己的優點、缺點，進而思考解決的方法。

這些才是進入高中、大學、研究所與成為社會人士後，也能成功適應、生存

無虞的學力。

對於已經習慣「考試引導學習」的孩子們來說，直到高中畢業為止，孩子們都是這樣被教導的：「說錯了也沒關係，盡量說說看」、「盡量寫就對了，寫錯的話也沒關係」。

但是如果問問在大學任教的數學老師們，他們會說：「在數學界，對於錯誤訊息連『說不定這是錯的』都沒發現而輕易放過的傢伙，是無法信任的！」

同樣的，在職場上絕對不能對顧客說：「如果我弄錯的話很抱歉，請您自行判斷吧！」

「準確率是八〇％」若沒事先註明清楚，就會喪失信用。

所以，應該教導孩子們「如果好像錯了，就停下來想想，看看怎麼修正或解決」。

隨時留意是否可能有錯，一步一步謹慎地學習。

今後不要再亂猜了

因為不知道答案，
所以「轉鉛筆」
決定吧

因為a和c一定不是
正確答案，所以不是選b
就是選d，有50%的機率
會答對！

在邏輯思考中，不胡亂猜測是非常重要的。

這是因為「假設自己能掌握住五〇%，就可以在提出假設的情況下，朝向另外的五〇%而邁進」。

利用「為考試而學習」來培養「表達力」

做為對策，有些試題能大幅提升孩子的邏輯思考力，那就是情境式問題。

位於日本廣島市和平紀念公園中的原爆圓頂，已被聯合國教科文組織列為世界遺產，你認為這件事有何意義？請簡單寫下你的看法。（開成學園國中部）

人類的生活與大自然息息相關，請比較（對照）集體共同生活的繩文時代的社會樣貌，用一二〇～一六〇字寫出現代社會的特徵。（麻布學園國中部）

- 要簡潔清楚地表達自己的想法。
- 要用閱卷者也能了解的邏輯，說明你會這麼想的原因。

要寫出連完全不認識的閱卷者都能清楚理解的文章，情境式問題的訓練很有幫助。

如果因為不擅長、不想認真面對自己的弱點，而選擇入學試題中沒有情境式問題的學校，那就太可惜了！

老師和家長應該利用日常對話的機會，讓孩子學會面對、處理情境式問題。

另外，面對這類問題，孩子會一直想「要怎麼寫才好？」，但是**實際上，大多數學生的問題是無法理解「題目到底要求我寫什麼？」**

例如上述的麻布學園國中部的入學考試，就有許多考生沒有遵照題目「比較（對照）」的指示，來進行答題。

培養「表達力」，首先要從聽懂對方要求的「理解力」開始，而回答情境式問題的訓練，十分有益於培養良好的理解力。

利用「為考試而學習」來培養「執行力」

所謂的「考試」，是一種已經訂好了期限的專案計畫（project）。

在一定的時間內，了解對手（想進入的學校）（知彼），掌握自己的缺點和優點（知己），有效率地進行思考對策，期間不斷反覆檢驗策略效果，並加以修正。

這裡的重點是，其過程一定包含了「理解自己對什麼拿手、對什麼比較不擅長」的過程。

能理解這個重點的學生，成績會呈現驚人的進步，面對不擅長的課題時能立刻提高專注力，從好的方面來看，這意味著清楚知道「我不擅長這個」。

在我們的邏輯思考教室，會要求不擅長學習的學生寫「自我分析表」。

一開始學生完全寫不出來，這是因為沒有意識到自己正在做什麼、什麼可能需要改進。

經常看到家長代為分析、建立計畫的情形，然而孩子本人如果沒有意識到「我現在正在學習不擅長的領域」，結果還是不會有效果。

一言不發地拼命寫講義或作業，這樣做無法期待孩子能提升學力。

⑥孩子培養邏輯思考的關鍵在於父母

家長要不怕麻煩、扮演「我不懂」的角色

如果家裡期望孩子能從小養成邏輯思考的習慣，我認為和成人進行「優質對話」是必要條件。

但是和孩子進行邏輯通順的對話，不是一件容易的事。

「媽媽！牛奶！」當孩子用這種方式結束對話，其主題是跳躍的。當孩子沒有先思考想表達的主題就說話時，能夠強忍住答案，表示「你這樣說，我聽不懂你在說什麼」，我認為這樣的忍耐力是家長需要具備的能力之一。

「媽媽！牛奶！」

「好！好！」

在家中已經習慣這種對話形式的孩子，即便在外，即便長大成人，也會重複這種「不將話語表達完整」的說話方式。請糾正孩子這種模糊不清的表達方式。我們與學生進行對話時，不會放過學生未說出的部分，這是課堂外指導時的教學重點。

學生：「老師，這個題目……」
老師：「題目怎麼了嗎？答案算出來了嗎？」
學生：「不知道！」
老師：「題目看不懂嗎？」
學生：「不是，是不懂解答。」
老師：「解答看不懂嗎？」
學生：「不懂解答中32×3＝96這個算式。」
老師：「不會這個乘法嗎？」
學生：「不是，是不懂為什麼要算這個算式。」
老師：「知道32×3的意義嗎？」

學生：「32有3個。」

老師：「你知道這個算式之前的算式要求的是什麼，對吧！那麼，這個算式的32和3是指什麼呢？」

學生：「32是班級人數，3是……啊！我知道了！」

在學生提問時，經常會發生這樣的對話。

當學生們努力地告訴別人現狀如何的過程中，問題也跟著順利解決了，這樣的情況經常發生。經由這樣一來一往的對話，經驗的累積，養成分析現況、逐漸聚焦於問題重點的態度，就能漸漸提高自行解決問題的能力。

與孩子進行最多對話的成人就是家長。

也許會很麻煩，但是為了養成孩子的習慣，請適當地表示「你這樣說我聽不懂」。

讓孩子自行決定，自行反省

隨著家長們獲得的資訊量日益增加，覺得「應該要這麼做」的家長也越來越多。

孩子們的現狀是，「盡力學習成人所規定好的課程內容」。

但是，讓孩子具有自行規劃「做什麼」的能力，這點非常重要。

而且，失敗經驗的多寡，與最初的計畫窒礙難行時替代方案的多寡有關。

讓孩子清楚知道現在的目標，並讓孩子自行決定要做什麼。失敗時讓孩子反省，並讓孩子自己思考修正的方法。

孩子終究要開始獨自一人的人生旅程，為了提高其應變力、嘗試錯誤的能力，家長要陪著孩子向前走，而不是拉著孩子做！

PART 1
邏輯思考，
讓孩子更聰明

第❷章

懂得邏輯思考，究竟有什麼好處？

① 正確地表達、閱讀＝溝通力

邏輯思考＝察覺到因果關係

以成人為訴求對象的邏輯思考，似乎不太講究其定義為何。

筆者讀了幾十本針對成人所寫有關邏輯思考的書籍，其中幾乎沒有一本書完整地定義「邏輯」的意義，即便有提到，也是說「有效地建立理路進而思考」之類的，真不知道是什麼意思！

這大概是因為對社會人士來說，比起定義，如何運用邏輯思考才是重點吧。

在此，我們先提出原始的定義：「所謂邏輯思考，就是對於因果關係抱持強烈的意識。」

對於連「因果關係」也不懂的小學生要解釋邏輯思考時，更淺白的說法是：

「讓你的前後句子能確實地連接起來，並且表達出來。」

為了達到這個目標，就要讓孩子在各種情境下都能意識到「因為A所以B」的關聯性，並了解到這就是邏輯思考。

所以可以這樣對小學生解釋：**「清楚地察覺『因為A所以B』的連接關係，這樣的思考方式就是邏輯思考。」**

造句

因此，在邏輯思考的授課中，經常有造句的練習（可參考第66頁）。

剛開始上我們課程的孩子，對於造句常常感到很吃力。

這是因為孩子和父母親、朋友的日常對話，是依靠彼此說話的默契而完成溝通的，不習慣去建立因果關係。

在造句的課程中，常見的問題是**「主題跳躍」**與**「省略前提」**。

對小學生來說，說明前提是麻煩而且困難的事情。

所以在課堂上，老師會問孩子們：「為什麼會變成這樣呢？」希望讓孩子察覺到「喔，對！這裡說明不夠清楚。」

大致上來說，對於造句感到困難的時間大約是一個學期，學習速度快的孩子從下個學期開始就會漸漸變得樂在其中。

一旦逐漸習慣之後，老師也會讓孩子在造句時試著加入自己喜歡的人物，來做練習。

雖然大家普遍覺得「合乎邏輯」是與生俱來的能力，但我們想說的是：對於傳達事情是否合乎邏輯，習慣佔了很大的重要性，可以說就像是運動一樣，能夠經由練習而變得熟練。

這就是為什麼我認為從小就要學習邏輯思考的原因。

我希望大家知道：了解了規則之後，讓孩子能隨時注意到「連接句子」這件事，就能夠養成習慣。

如果孩子坐在教室裡愉快地學習，是否能像變魔法似地變得合乎邏輯？實際上並沒有這種事。

對於基本的因果關係，雖然我還沒有碰過花了時間練習還是不懂的孩子，但是直到養成習慣之前都是很吃力的。

也有的孩子一開始連一個字都寫不出來。

所以，我們會特別設計實際對話的情境，例如：

「太郎同學沒寫功課就來上學了。」

「……所以，太郎同學向花子同學道謝。」

對於完全造不出句子的孩子，可以將太郎替換成該名學生的名字，將花子替換成其他同學的名字，在黑板上畫圖表示，接著問他：「你認為發生了什麼事？」讓孩子口頭回答後，告訴他：「那麼，就把你說的寫下來吧。」用這樣的方式來教學。

作文一點都不可怕

「金字塔原理」（Pyramid principle）做為一種「邏輯思考」的方法論，也是我們教學時的重點。（編按：請參考經濟新潮社出版的《金字塔原理》，芭芭拉・明托著）

其中一個例子就是作文。

然而，如果告訴學生「作文一開頭就要說出結論……」，一定會有人批評：「那樣會變成大家的作文都一樣，真是無趣！」

但是其實，我們大人會覺得「啊！真是自由揮灑的風格！」的文章，出乎意料地都有固定的格式。

邏輯結構是否穩固，與我們覺得風格自由與否，是不同的兩件事。

例如日本的俳句或短歌，從來不會因為格式固定而被說成內容無趣，不是嗎？

所以，即使邏輯結構一直是固定的，透過孩子本身的表現能力或語彙的多寡，也可以表現出自由而活潑的風格。

只要不斷地練習，就能感受到邏輯與自由度兩者，並非如水與油一般不相溶。

寫作力＝閱讀力

能夠表達得很清楚的文章，其內容的因果關係、結構，都能很直接地傳達給讀者。

要能寫出這樣的文章，必定是常常注意到文章的結構，這也和閱讀的理解力有關係。

我認為「閱讀能力的低落」這一點，確實跟孩子的書寫作業漸漸減少有很大的關係。

雖然，喜歡「隨興寫作」、「我手寫我口」是日本人的民族性，但是我想請大家特別注意，要多練習「能夠傳達訊息的寫作」。

學了邏輯思考，問題也會改變

令人驚訝的是，在學校的學科以外，可以發現學生向老師提問的問題，變得不一樣了。

在一週一至二次的邏輯思考課程中，雖然我認為還沒有完整地教導什麼是邏輯思考，但是孩子們似乎至少能了解「如果沒有明確表示出因果關係，對方就很難理解」。學生提出問題時，會以「因為這裡是這樣，所以我認為……」的說法表達，由此可以看出學生已經確實掌握了因果關係。

事實上，即使是已經上了兩三年課程的孩子，在課堂上問他說：「邏輯思考是在學什麼？」大多數的學生還是答不出來。

也許小學生本身不自覺也無法察覺「如何合乎邏輯」、「什麼是邏輯」，但是一看到其學習成果就會發現，察覺因果關係的態度確實在萌芽、滋長。

教導小學生邏輯思考的目的，就是希望孩子能自然而然地透過親身體驗，學會「合乎邏輯」、「重視因果關係」、「因為A所以B」等等思考方式。在入學考試、作文、口頭報告或是學習時，希望孩子能活用邏輯思考，向老師提問。

② 適當地實驗、從結果中學習＝嘗試錯誤的能力

為了讓自己的主張實現，必要的嘗試錯誤

在邏輯思考的教材中，有個題目是「要求母親買一輛登山單車」。這是對孩子來說很切身的例子，來思考如何合邏輯地、讓對方接受我方的主張。

這其中，孩子將學著確認自己的意見（＝邏輯結構）是否不夠嚴謹，有沒有漏洞。

（例題）

R同學想要一輛新單車，因而向母親提出要求。

R同學：「媽媽，幫我買一輛新的單車好不好？」

媽媽：「為什麼？你不是已經有一輛了？」

R同學：「我不喜歡啊！買給我啦！」

媽媽：「到底有什麼理由呢？怎麼還是這麼任性！」

R同學：「大家都有啊！」

媽媽：「還是有人沒有吧！別人家另當別論，我們家有我們家的規矩。請你好好愛惜你現在的車子！」

R同學沒能成功地說服他媽媽幫他買一輛新的登山單車。

如果是你，你會怎麼說呢？請說明你的方法。

另外，也要設想對方可能提出的反對意見，如何反駁其反對意見，藉此學習「假說思考」（假設可能的結果而進行的思考）。

和一次決勝負的考試不同，現實生活中並不是「主張不成就結束了」。提出主張之後一邊觀察反應，一邊去驗證提出主張前的假設是否成立，正好能培養一邊嘗試錯誤一邊前進的能力。

面對數學難題，必要的嘗試錯誤

一些入學考試難度比較高的學校，其數學等科目特別要求的能力，就是嘗試錯誤的能力。

（例題）

有一個班上有20名學生，現在要換座位，方法如下：

①用抽籤的方式每2人為一組，將全班學生分成10組

②同組的2人交換座位

③重複①和②的步驟一次

（1）換座位後依然坐在原座位的學生人數，不可能是11人。請說明原因。

（2）換座位後依然坐在原座位的學生有幾人？請寫出所有可能的答案。

（榮光學園國中部）

對於上述問題，應該沒有考生能立刻反應「啊！用○○方法就可以算出來」吧。

可以依照題目所述的規則先進行實驗（試算）看看。

厲害的學生，會先假設是十個人來算算看。

第二小題中要求寫出「所有」可能的答案，若能發現實驗（試算）過程中隱

含的規則，就有可能順利算出「所有」可能的答案。

出社會工作之後，通常不會花時間去鑽研已經有答案的問題。當要研究沒有解答的問題時，**通常會從實驗及驗證開始**，再決定下一步該怎麼走。

因此，當我看到許多社會新鮮人都不熟悉這種思考方式，就能強烈感受到，如果從孩童階段就開始養成嘗試錯誤的習慣，該有多好！

PART 2
邏輯思考的
教學現場

第❸章

注意表達時的連貫性 I

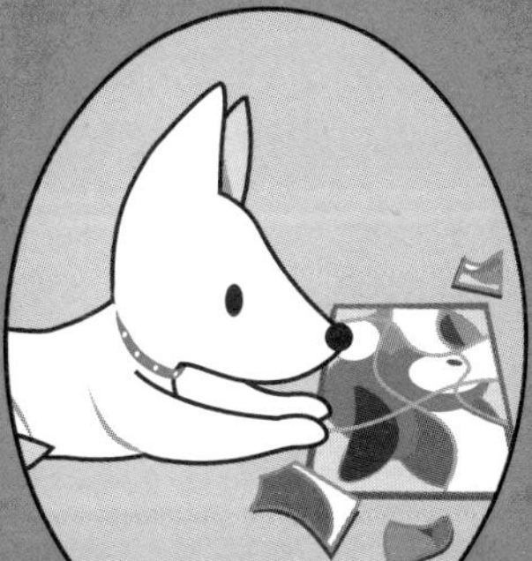

① 什麼是logical thinking？

logical thinking是食物嗎？

老　師：「大家好！那麼，這堂課我們要教什麼呢？」

公太同學：「logical thinking！」

老　師：「那麼，有沒有人吃過logical thinking呢？」

真菜同學：「什麼！logical thinking不是食物啦！」

老　師：「那麼，有沒有人看過logical thinking？」

遙 同 學：「嗯？logical thinking不是看得見的東西。」

老　師：「正如大家所說的，既不是食物也看不見，就連具體的敵人也不存在！」

「媽媽！牛奶！」如此就結束對話並且在需求都被滿足的環境中成長的小學生，進入職場後第一個要面對的不就是「自己的要求不被接受」的高牆嗎？直到現在，不論是學校或是家庭都不曾教過跨越這座高牆的方法，這是必然的，因為幾乎不存在這類「高牆」的環境，就是「學校」和「家庭」。

在這堂課，我們將透過邏輯思考的基礎——「重視因果關係」，來學習如何表達得更清晰。

翻開辭典，查查logical的定義

老　　師：「那麼，『logical thinking』原本是指什麼呢？有沒有同學能說明？」

公太同學：「……（思考狀）。」

老　　師：「是什麼呢？從上學期就一直在學習『logical thinking』，對吧。」

公太同學：「嗯……是指仔細思考？」

老　　師：「『thinking』的確就是『思考』；那麼，『logical』是什麼呢？」

真菜同學：「合乎邏輯的？對吧？」

老　　師：「如果翻開辭典查『logical』一詞的意思，的確會看到寫著『合乎邏輯的』。」

公太同學：「在補習班的官網首頁上確實寫著『邏輯思

剛開始來班上上課的學生，當然大部分並不了解何謂邏輯思考，即便是已經上了幾個學期課程的學生，能說明何謂邏輯思考的也不多。

雖然在課堂上，最理想的狀況是在小學生未曾察覺正在學習邏輯思考下，學會運用邏輯進行思考，不過，每學期的第一堂課我會特別以「何謂邏輯思考」為題進入課程。

考力』。」

遙同學：「媽媽曾經說過，所謂『logical thinking』就是『邏輯思考』。」

老師：「沒錯，那麼『合乎邏輯的』是什麼意思呢？」

真菜同學：「是什麼呢？（嘗試回答的語氣）找出理由？」

老師：「答對了！『理由』是非常重要的必要條件，不愧是從上學期就一直認真學習至今，不知不覺中已經了解了喔！那麼接下來，在今天這堂課，我們要不要用辭典試著查查看什麼是『邏輯』呢？有『進行思考或是討論等等的程序；思考或是論證的組織架構；能夠確保思考的正確性的方法或形式等等。』」

公太同學：「完全聽不懂！」

大部分的書籍中都沒有清楚地說明何謂「邏輯思考」。

在成人世界裡，與其說「邏輯思考是什麼？」，運用邏輯思考發表提案或簡報，或是制定策略等等，亦即邏輯思考的運用方式更重要。因為必須將其運用在每天的日常工作中，比起知道「什麼是邏輯思考」，學會「大家認為合乎邏輯的格式」更重要。所以，針對社會人士所寫的有關邏輯思考的書

老　師：「說得也是。這樣的解釋連老師我也無法了解。

那麼，我們要不要試著查一查日英辭典？『邏輯』的英語是『logic』，『合乎邏輯的』的英語是『logical』。

這樣的解釋，懂嗎？」

遙同學：「『logical』的意思是『合乎邏輯的』，『合乎邏輯的』的意思是『logical』；『logical』的意思是『合乎邏輯的』……，老師，我還是不懂！」

老　師：「就是啊！這樣的解釋還是無法了解，我要說的重點是，這些解釋連大人也無法理解！」

籍，幾乎都從「MECE」（Mutually Exclusive, Collectively Exhaustive）或「假說思考」這類的語彙開始，也是這個原因。邏輯思考究竟是什麼，反而沒人重視。

而且，由於在小孩的世界裡被認為必須合乎邏輯的地方並不多，導致實際上本來就沒有思考何謂邏輯思考的機會。

總之，對成人來說，重要的不是思考其意義，而對小孩來說，思考其意義的機會太少——因此邏輯思考的定義一直被含糊帶過。

要注意「敘述的連貫性」

老　師：「在這堂課，老師要這樣來說明什麼是邏輯思考——」

在思考、說話、作文的時候，注意敘述的連貫性。

「光是這樣說明可能還是很難理解。請各位同學閱讀下面三個句子，這些都是不合邏輯的句子。」

①我撐了傘，正下著雨。
②我撐了傘，所以，正下著雨。
③下雨了，所以，我的頭上出現了大腫包。

公太同學：「好像有什麼地方怪怪的！不對，是非常怪！」

老　　師：「是哪裡怪呢？應該怎麼辨才好呢？」

遙 同 學：「總覺得①的句子很不完整，是因為語氣不夠禮貌嗎？我不懂這個句子想表達的意思。」

②的意思是『因為我撐了傘，所以下雨了』，我認為這句子很奇怪，如果是『因為下雨了，所以我撐了傘』，我覺得就說得通了。」

公太同學：「②的句子中『所以』一詞的前後句子顛倒了。」

真菜同學：「將②的句子中『所以』改成『這是因為』，

①中由於未使用「所以」之類的連接表現（連接詞），無法表現出「我撐了傘」和「正下著雨」兩者間的關係（因果關係）讓對方理解。

②中表現「原因→結果」因果關係的「所以」其前後句子顛倒了。「所以」一詞的前後句子是否顛倒，正如真菜同學所說，使用從後面

句子也會變得通順。句子最後可以加上『的緣故』。」

公太同學：「雖然不太明白③的意思，但是前後句子沒有連貫性。為什麼下雨了頭上就撞出了腫包呢？」

老　師：「原來如此！各位同學都很厲害！大家說得很對，而且現在大家提到的『前後句子沒有連貫性』是非常重要的觀點！這三個句子就是因為連貫性不完整使得敘述不通順，讓人難以理解句子的意思。」

「我再說明一次，所謂『**合乎邏輯的**』就是**確實呈現敘述內容的連貫性**。確實呈現敘述內容的連貫性，這樣就能清楚傳達內容的意思讓對方了解。請各位同學先這樣體會『邏輯思考』的意義。」

說明原因的「這是因為」一詞，句子就會變通順了。

③「所以」一詞前後句子的因果關係不明確，並未說明下雨和出現腫包兩者間的關聯，無法表現完整的意義。

②利用「連接詞」表現連貫性

使用「所以」就是邏輯思考嗎？

公太同學：「這麼說來，邏輯思考就是一定要用『所以』之類的詞彙嗎？」

老　　師：「當然不只如此，但是正確地運用連接詞，對於清楚傳達事情是非常重要的。不論是口頭報告、作文、或是入學考試，即便是向父母要求購買電玩遊戲，敘述的內容必須通順，大家明白這個重點了吧！」

小學生在學習邏輯思考時，比起頭腦理解，更重要的是「身體的記憶」，正確地說也許不是身體，而是「耳朵」或「感覺」。從日常生活的許多常用句子中體驗什麼時候「通順」，什麼時候「不通順」？將這些體驗灌輸入體內。

在教小孩如何邏輯思考時，盡可能將「合乎邏輯的例句」和「不合乎邏輯的例句」同時呈現，如此一來便能加快理解其意義。

使用連接詞的練習

老　師：「讓我們來做做這樣的練習吧！」

想一想，下列①～⑤的空格中應該填入什麼連接詞？請說明你的理由。

在水質乾淨的珊瑚礁廣闊海域中，大家覺得是魚群居住的好地方吧，【①　　】事實並非如此，【②　　】水質透明清澈表示水中的雜質很少，這表示魚群的食物來源也不足，【③　　】也容易遭受天敵攻擊。

【④　　】在這樣的情況下，毫無疑問地，不

解答例

①然而／但是
②因為
③而且／同時
④所以
⑤那麼

光是魚類，其他動物也必須運用各種方法求生存。
【⑤　　　】，動物們是用了什麼樣的方法呢？

請在括弧中造句，以完成整個句子。

1. 今天我從學校早退了，所以（　　　　）
2. 今天我從學校早退了；而且（　　　　）
3. 今天我從學校早退了；然而（　　　　）
4. 今天我從學校早退了，因為（　　　　）
5. 今天我從學校早退了，再加上（　　　　）

在同一個句子後面接上不同的連接詞，很容易感覺到因為連接詞不同，所造出的句子其意義不同，或是整句話的意義全然改變。

③ 改變內容，來製造連貫性

改變「所以」之後的句子，製造連貫性

老　　師：「對於之前的『③下雨了，所以，我的頭上出現了大腫包。』大家說因為沒有連貫性所以無法理解句子的意思。那麼，大家認為怎麼改比較好呢？」

遙同學：「將『所以』後面的『我的頭上出現了大腫包』改掉不就可以了嗎？」

連接詞的功能是製造敘述的連貫性，製造敘述的連貫性也就是考慮是否合乎邏輯。在我們的課程裡，會配合國語課的教學，用足夠的時間練習連接詞。

「下雨了，（　　　　）急忙回到了家！」

不是像這樣只是簡單填空而已，而是：

「請說明『所以』一詞的用法！」
「請在空格中填入連接詞，並說明選擇該連接詞的原因。」

用這樣的方式，讓學生徹底理解每個連接詞的功能。

老　師：「怎麼改好呢？」

遙同學：「例如，我認為如果表現出下雨了是原因，這樣子前後連接就可以了。」

③下雨了，所以，我的頭上出現了大腫包。

←

③下雨了，所以我撐了傘。

改變「所以」前面的句子，製造連貫性

老　師：「關於連貫性大家已經相當了解了。正如遙同學所說，如果將『下雨了』當作原因加以連貫即可。

還有沒有其他方法呢？」

真菜同學：「可以將『下雨了』改掉嗎？例如『我才剛開始跑步，頭就撞到了攀登架（jungle gym）。』

③下雨了，所以，我的頭上出現了大腫包。

③我才剛開始跑步，頭就撞到了攀登架，所以我的頭上撞出了腫包。

因為主題的跳躍（偏離主題）而無法表現因果關係，這個問題經常出現在小學生的作文，或是口頭發表中。

因為孩子平時所處的環境，即使不怎麼察覺到前提和結果的因果關係也不會產生大問題，使得小學生的作文很容易發生主題跳躍（偏離主題）的情形，這也許是情有可原。

本來，在小學生之間的日常會話中，如果試著適當說明隱藏於其中的前提，就會變成冗長的對話；還有，如果堅持在對話中說明因果關係，很可能會被對方討厭。

合乎邏輯的人＝愛講道理的人，這樣的印象恐怕是從試圖說明所有前提的人開始產生的吧。

但是重要的是，必要的時候能向對方正確地傳達訊息。

口頭發表時、寫作文時、演講時，在無論如何都必須堅持自己主張的時候，為了在少數的「關鍵時刻」能合乎邏輯，還是要從平常就開始訓練察覺是否合乎邏輯，在非得合乎邏輯的時候能夠合乎邏輯，也就是懂得「何時應該合乎邏輯」，這是很重要的。

我認為做到這一點，才是合乎邏輯的真正意義。

增加內容，來製造連貫性

老　　師：「大家果然已經非常了解製造連貫性了。那麼，如果『下雨了』和『我的頭上出現了腫包』這兩個句子都不能更改的話，怎麼辦呢？」

公太同學：「可以用增加內容的方式嗎？」

老　　師：「請說說看！」

真菜同學：「增加出現腫包的理由，這個方法如何？」

老　　師：「請舉例說明！」

真菜同學：「『下雨了，我的頭撞到眼前的樹，所以頭上出現了腫包。』這個句子如何呢？」

老　師：「非常好！比先前更能感受到內容的連貫性。」

讓別人不會感覺到「咦？為什麼呢？」

老　師：「只是，對於『下雨了』和『我的頭撞到眼前的樹』這之間的連貫性，老師會覺得『為什麼呢？』

老師或是你們的腦海裡會浮現『咦？為什麼？』，這是代表你們已經會分辨內容連不連貫，這是個好現象。」

真菜同學：「那麼，將句子改成這樣如何呢？」

> 下雨了，我因為沒帶傘正急著打算回家時，卻因為地面潮濕而跌了一跤，所以我的頭上出現了一個大腫包。

老　師：「太好了！我認為連接得非常好。這樣的話，會覺得『咦？為什麼？』的人就會變得很少很少了。

讓你的敘述內容具有連貫性，盡最大努力減少別人認為『咦？為什麼？』的機會，請大家想想，這就是邏輯思考。」

練習建立連貫性

老　師：「那麼我們來試著練習看看吧！
為了將下列句子改成具有連貫性的句子，請在『所以』一詞前面造句！」

明天是一年一度學力測驗的日子，
（　　　　　　　　　　）
所以，我花了很長的時間在市公所周圍散步。

太郎同學沒寫功課就來上學了，
（　　　　　　　　　　）
所以，花子同學將手帕借給了次郎同學。

學生的回答例子
這次的學力測驗應該會出現不少關於在春天盛開的花卉的題目，區公所周圍許多花都已經開了，

學生的回答例子
太郎同學正急著要寫作業時，因為慌張而打翻了花瓶，弄濕了次郎同學的筆記本，儘管如此，太郎同學過於著急、就連弄濕了次郎同學的筆記本都沒發現。

她大聲地對我說：「好好保重身體喲！再見囉！」

（所以，我氣到全身發抖！）

學生的回答例子

我知道她對於我的轉學感到很高興，而且她的臉上一直帶著笑容，

這些練習的目的是為了讓小學生徹底了解「什麼是合乎邏輯的」。

不是去教課本上或辭典上的「什麼是合乎邏輯的」，讓小學生經由「連接敘述內容」的寫作課，用手（實際操作）與頭（頭腦思考）去體驗「合乎邏輯是怎樣的情況」、「一旦合乎邏輯會發生什麼事」。

這裡的目的是，透過察覺「連貫性」而體會到敘述內容變得容易理解，因此，不需要教導像是「如果A＝B，B＝C，則A＝C」這樣嚴謹的因果關係；首先，重要的是能體會到：合乎邏輯的文章就是有連貫性、通順的文章。

邏輯思考也有助於小學生理解「因為A所以B」這種因果關係。以下再舉一個例子：

> 你明天沒帶傘來就慘了。

比起這樣的文章，

> 根據氣象預報明天是雨天，因為明天一整天必須來回奔波許多地方，如果你明天沒帶傘來就慘了！

這樣的文章更合乎「邏輯」。

還有，在理解何謂合乎邏輯的同時，孩子們能實際感受到「合乎邏輯」的用處、好處，這是「從小學生開始的邏輯思考」的第一步。

對小學生而言，學會「合乎邏輯」當下就能得到的好處，就是讓別人理解自己的想法，使自己的主張容易實現；在閱讀文章、理解文義時，因為察覺到連貫性而容易明白作者的想法；還有，自己的回答或答案變得清楚易懂，減少被扣分的可能性等等。

PART 2
邏輯思考的教學現場

第❹章

注意表達時的連貫性 Ⅱ

① 什麼是「前提」

讓孩子理解「前提」與「結論」

老　師：「首先，在上課之前，希望大家先記住兩個有點難的詞彙。第一個是『前提』，第二個是『結論』。」

遙同學：「我聽過『結論』這個詞，是指『想說的話』什麼的，對吧！」

老　師：「這個嘛，試著在辭典上查『結論』就會看到這樣的解釋：

【結論】在進行思考或討論時，最後歸納所得的判斷，還有其內容。

（譯注：依據教育部重編國語辭典修訂本：

結論：1.泛指對某種事物，最後所下的論斷。

2.依據已知的前提或假設的原則，所推得的論斷。）

還有，試著在辭典上查『前提』就會看到這樣的解釋：

【前提】為了成立某事物的先決條件。
（譯注：依據教育部重編國語辭典修訂本：
前提：1.討論一事情的先決條件。
2.應該先注意的部分。）

這樣明白了嗎？」

公太同學：「聽不懂！」

所謂的「結論」就是「最終想表達的內容」

老　師：「就是啊，還是不了解，是吧。我舉幾個簡單的例子來說明。

①如果下雨了的話就帶傘去。

②大量學習，所以成績進步了。

以①為例，結論就是『帶傘去』；以②為例，結論是『成績進步了』。所謂的結論就是『最終想表達的內容』。請大家這樣來理解『結論』。」

所謂的「前提」就是「先決條件／假設條件」

老　師：「而且，例①句子的前提是『下雨了』；例②句子的前提是『大量學習』。

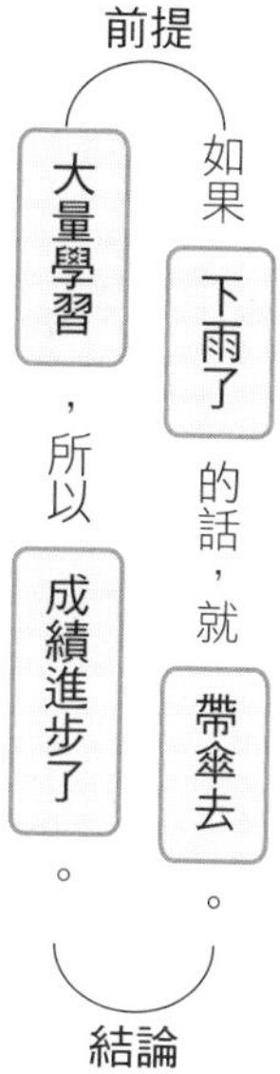
前提
如果 下雨了 的話，就 帶傘去。
大量學習，所以 成績進步了。
結論

很多人沒聽過『前提』這個詞吧，為了得到結論，需要的條件是什麼？為了得到結論的『先決條件／假設條件』，就是『前提』。

前提如果不同，結論也會跟著改變。」

公太同學：「『如果下雨的話就帶傘去』在這個句子裡，『下雨』是前提、『帶傘去』是結論，是這個意思嗎？」

老　師：「就是這個意思！現在大家已經有點理解了前提和結論的意思，讓我們繼續下面的課程。」

將前提相加，而得到結論

老　師：「大家有聽過『把兩個前提加起來而得到結論』的方法嗎？」

前提①：獨角仙是昆蟲。
前提②：昆蟲有六隻腳。
結論：獨角仙有六隻腳。

前提①：今天天氣很好。
前提②：好天氣的日子裡老師的心情總是很好。
結論：今天老師的心情很好。

遙同學：「啊～，我懂了！原來是這個意思！就像是將前提①和前提②相加所得的結果。」

老師：「就是這樣！就是將前提①和前提②合在一起，如果缺少了前提①或前提②，就不能說是結論，了解這個意思了嗎？」

真菜同學：「懂了！」

老師：「畫圖表示，大家會更了解！」

對小學生來說，特別是低年級的學生，要了解「前提」是一件很困難的事。如果能夠學會「將前提當作前提」而進行歸納、思考結論，我認為這就是在「邏輯思考」的世界中跨出了一大步。

例如，如下列所示的主題。

問題

請整合前提①和前提②，並思考出可能的結論。

①有看棒球的電視實況轉播的人，一定會看足球的電視實況轉播。

②有看足球電視實況轉播的人，一定會看相撲的電視實況轉播。

所以，＿＿＿＿＿＿。

解答例：

有看棒球電視實況轉播的人，也會看相撲的電視實況轉播。

從以上的圖，也可以得到這樣的結論。

但是，有的學生在前提的部分就遇到困難，而無法得出正確的結論。

有些學生會想說：

「看棒球電視實況轉播的人，不見得就會看足球的電視實況轉播，至少我就不會。」

但是如果無法克服這一點，就無法學會整合前提而得到結論。

能夠「把前提當作前提」，從層層堆疊中導出結論，這樣的過程對於不熟悉的小學生來說，其困難度是已經多少習慣這個過程的大人很難想像的。「把前提當作前提」這一點，需要大人來幫助小孩子適應，使其理解「前提」的概念。

以切身經驗為例，

老師：「我們就假設，你一回家就會打開電視看有什麼節目吧。」

學生：「耶！我不會這麼做啊！」

老師：「這樣啊，那麼，雖然實際上你不會這麼做，但是我們假設你會打開電視，一定會打開電視觀賞節目。」

學生：「嗯~嗯！」

老師：「那麼，再過沒多久你就要回到家了，回到家後你會做什麼？」

> 學生：「嗯～嗯，雖然幾乎不會這樣做，現在先假設我會打開電視觀賞節目。」
> 老師：「就是這樣。先假設你一回家就會打開電視觀賞節目，就是這個意思。」

透過上述的會話，讓孩子一點點地逐漸熟悉包含「如果……的話」的假設前提。

如果已經熟悉了「前提」的概念，逐漸地強制將「與事實相反的內容」當作前提，從整合前提中得到結論，這樣的過程對於孩子思考「邏輯」，是很有效的練習。

例如：

> 這份咖哩飯是辣的，太郎同學喜歡吃辛辣的食物，所以太郎同學喜歡這份咖哩飯。

在這個例句裡，即使還沒有學過邏輯的孩子，也可以從日常經驗得到結論。

然而，在這個例句之後，看看以下例句：

> 這份哇沙米（wasabi）是甜的，太郎同學喜愛吃甜的東西，所以太郎同學喜歡這份哇沙米。

由於一般的哇沙米是辣的，用這種不同於日常經驗的例子，讓孩子開始了解邏輯是一種「思考方式」，而超越一般常識，聚焦於「A是B」這樣的文章結構的練習。

可以這麼說，在邏輯思考的領域中從小學低年級升到中年級的重點，就是「能不能將前提當作前提，而思考其邏輯」。

② 找出消失的前提

思考為了得出結論的必要條件

老　師：「那麼接著來看。現在省略一個前提，讓我們試著想想看，在空格裏填入什麼樣的前提，可以得出之後的結論。」

> 前提①：能夠自行發光的星體，稱為「恆星」。
> 前提②：（　　　　　　　　　　　）
> 結論：太陽是恆星之一。

遙 同 學：「找出『太陽是恆星』的前提就可以了，對吧。」

公太同學：「就說『太陽是恆星』，不可以嗎？」

老　師：「如果那樣的話，前提②就和結論一樣了，不是嗎？就好像是說『今天是雨天，所以今天是雨天』，對吧。」

公太同學：「確實很奇怪，這樣的話那就不是前提了。」

老　師：「為了得出太陽是恆星的結論，你認為什麼是必要條件呢？」

公太同學：「到底什麼是恆星呢？」

老　師：「請大家仔細看看前提①，恆星是指能夠自行發光的星體喲。」

遙同學：「啊！我知道了！如果太陽是能夠自行發光的星體，那麼太陽是恆星的說法就能成立了，應該就可以得到『太陽是恆星』的結論。」

老　師：「你答對了！也就是說在前提②的空格中填入『太陽是自行發光的星體』就可以了。」

> 前提①：能夠自行發光的星體，稱為「恆星」。
> 前提②：太陽是自行發光的星體。
> 結論：太陽是恆星之一。

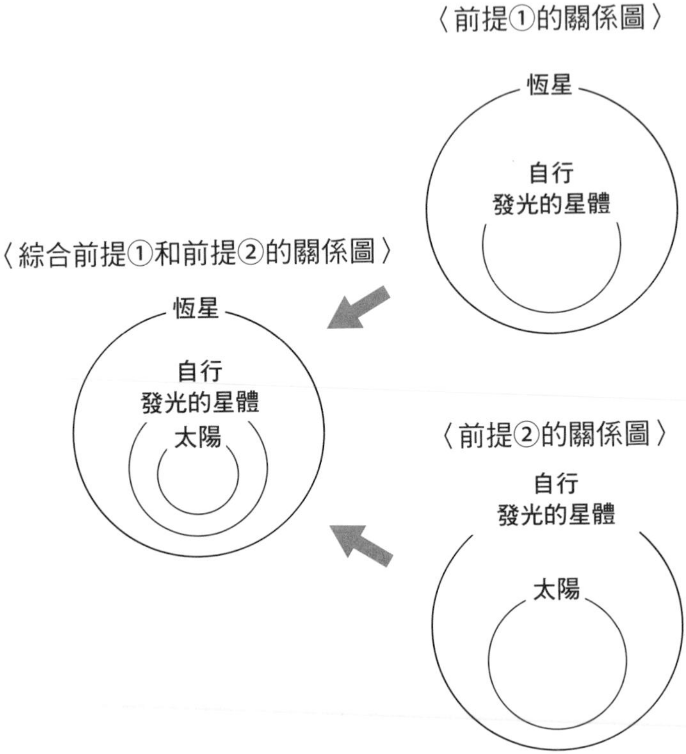
〈前提①的關係圖〉
恆星
自行
發光的星體
〈綜合前提①和前提②的關係圖〉
恆星
自行
發光的星體
太陽
〈前提②的關係圖〉
自行
發光的星體
太陽

建立「前提」與「結論」關聯性的練習

老　師：「接著我們來做幾個練習，試著歸納前提而建立結論，或是把缺少的前提找出來。」

請根據前提①、②來建立結論。

練習1
前提①：鳥類能在空中飛翔。
前提②：麻雀是鳥類。
結論：（　　　　）

練習2
前提①：R同學住在千葉縣。
前提②：千葉縣是日本的都道府縣的行政區之一。

解答範例
練習1：麻雀能在空中飛翔。

解答範例
練習2：R同學住在日本。

結論：（　　　　　　　　　　　　　　　　）

請填入適當的前提條件。

練習3

前提①：太郎同學的數學考試成績是最高分。

前提②：（　　　　　　　　　　　　　　　　）

結論：太郎同學可以不參加下禮拜的考試。

練習4

前提①：豌豆的花每一片花瓣都可以單獨分開，屬於離瓣花的一種。

前提②：（　　　　　　　　　　　　　　　　）

結論：豌豆是雙子葉植物。

解答範例

練習3：成績最高分的同學可以不參加下禮拜的考試。

解答範例

練習4：離瓣花是雙子葉植物。

③ 修正錯誤的因果關係

如果腦海中浮現「？」請找出原因

老　師：「請想想看，下列文章中有沒有不合理的地方。」

> 大量學習，成績就會進步。因此，我們可以說這次成績大幅提升的A同學做了大量的學習。

公太同學：「嗯，這句話沒什麼奇怪的啊。」

遙 同 學：「因為不見得大量學習成績就會進步，所以這個句子不合理，是這樣嗎？」

要把前提當作前提，是很困難的事。請參照第87頁。

老　師：「因為現在是將『大量學習，成績就會進步』當作前提，所以請不要質疑這個前提。實際上我們並不知道大量學習成績是否會進步，但是在這個例句中，請大家試著將它視為前提來思考。」

> 大量學習，成績就會進步。因此，我們可以說這次成績大幅提升的A同學做了大量的學習。

真菜同學：「好像有什麼地方不合理……」

老　師：「會察覺到『有什麼地方不合理』是非常重要的事，邏輯思考的最終目標就是為了減少『有什麼地方不合理』的感覺，為了降低聽話者腦海中浮現『？』的可能。

為了要降低聽話者腦海中浮現『？』的機會，因此要正確地使用連接詞，讓人更容易明白前後句子的關聯性，也說明理由或是前提。可以說，邏輯思考就是要盡量減少浮現『？』、盡量增加『原來如此』的次數。」

「3年3班的學生都喜歡咖哩飯」和「喜歡咖哩飯的都是3年3班的學生」意思一樣嗎？

公太同學：「這個句子確實讓我腦海中浮現『？』。」

老　　師：「那麼，我舉個更簡單的例子。」

3年3班的學生全部都喜歡咖哩飯，因此喜歡咖哩飯的都是3年3班的學生。

公太同學：「我覺得這個句子不合理，好比我喜歡咖哩飯但是我並不是3年3班

「若A則B為真，若B則A未必為真」此一敘述在成年人的邏輯思考領域中，被當作「逆命題」。

「若A則B」為原命題（能明確判斷真假的敘述）時，我們稱

「若B則A」為逆命題，

「若非A則非B」為轉命題，

「若非B則非A」為逆轉命題。

在命題為真（命題成立）時，逆命題和轉命題未必為真，但逆轉命題一定為真。

應該還有許多人記得國中時期的數學課學過的內容吧？

對於「逆命題」、「轉命題」、「逆轉命題」的說明到此為止，在小學時期希望孩子們能徹底思考的是「逆命

的學生，而是4年1班的學生。」

遙同學：「我懂了！這是因為雖然3年3班的學生全部都喜歡咖哩飯，但是喜歡咖哩飯的並非都是3年3班的學生，對吧！」

老　師：「正是如此！畫出關係圖就很容易了解了。」

題未必為真」。

希望孩子徹底了解，當「3年級學生全部都喜歡咖哩飯」為真時，「喜歡咖哩飯的都是3年級學生」未必為真。這個邏輯非常非常的重要。

現實生活中有許多因為「未必為真的逆命題」而做出錯誤判斷的情形，例如，請閱讀以下文章。

> 一到高溫的夏天，啤酒類飲料銷售量的增加明顯可見，商家會開設限定營業季的啤酒屋，即使小酒館也會提高啤酒的訂購量。
>
> 因此我們可以說，從啤酒類飲料銷售量顯著提升的這個月起，已經正式進入夏天了。

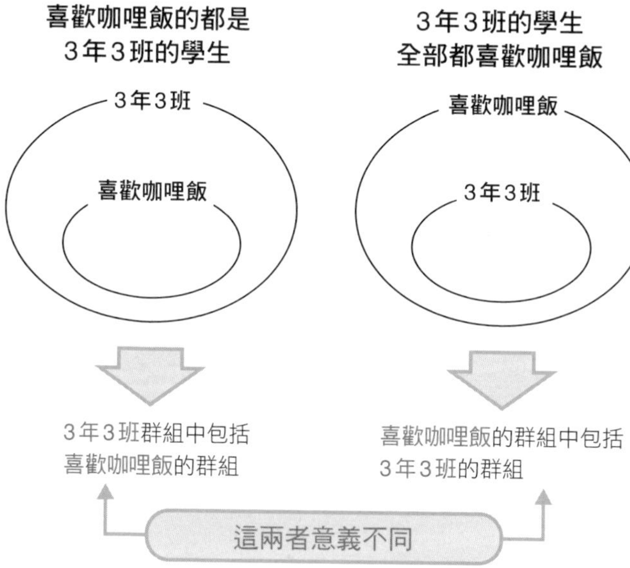
喜歡咖哩飯的都是
3年3班的學生
3年3班
喜歡咖哩飯
3年3班的學生
全部都喜歡咖哩飯
喜歡咖哩飯
3年3班
3年3班群組中包括
喜歡咖哩飯的群組
喜歡咖哩飯的群組中包括
3年3班的群組
這兩者意義不同

不是有很多成年人覺得這似乎很有道理？

然而，在「一到夏天，啤酒類飲料的銷售量就增加」的前提下，將其逆命題「啤酒類飲料的銷售量一增加就是進入夏天了」當成結論，這是錯誤的。

電視台的新聞或是報紙上的報導，甚至就連廣告或參考書（雖然勉強做出結論的情況似乎很多），都常常使用「逆命題」做出結論，而誤導大家。

就連我們成年人也無法避免如此，我認為，為了不要做出錯誤的判斷，希望小學生也能培養對「逆命題」的感覺。

為什麼成績會進步？

大量學習，成績就會進步。因此，我們可以說這次考試成績進步的A同學做了大量的學習。

老　　師：「這樣大家是不是都了解了呢？是不是只有大量學習成績才會進步呢？」

公太同學：「不是這樣的，考試題目是不是出自自己喜歡的範圍啦、題目是不是非常簡單啦、睡眠是不是充足啦、已經習慣考試所以變得不會緊張了等等……。」

真菜同學：「啊～原來如此！我懂了！不光只是大量學習成績就會進步，成績進步的原因未必只限定如此，所以不能斷定成績進步的A同學做了大量的學習。」

老師：「完全正確！也就是說——不能僅僅只是因為『若A則B』就斷定『若B則A』，只有在『A若且唯若（if and only if）B』時才能這樣說！」

若A則B的關係圖　　若B則A的關係圖

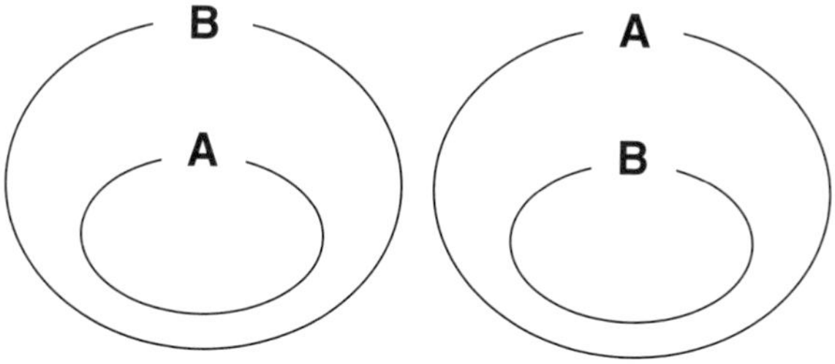

想想看，為什麼這篇文章令人難以理解？

老　師：「接下來請思考一下，下列文章不易理解的原因。這些內容是出自日本的小學五年級社會科課本。」

在信濃川、黑部川、木曽川、天龍川等河川的上游或中游區域建造了許多水庫，積極地發展水力發電。所以，流經中央高地的河川，大多數由於流速湍急且水量豐沛，因而朝向水力發電發展，並且此區域因為靠近京濱、阪神、中京

這裡的問題是：將事實當作前提，以其「逆命題」當作事實做成結論。

我們知道，從中央高地流過的河川（包括信濃川、黑部川、木曽川、天龍川等）為了發展水力發電，因而在該區域建造了許多水庫。然而，「因為建造了許多水庫，所以這些河川朝向水力發電發展」，這是不合理的敘述。

在討論「中央高地的河川是否要朝向水力發電發展」時，如果出現如上述的發言，至少身為成年人的我們必須能察覺這地方有嚴重的邏輯錯誤。

一般的事實

中央高地為了要發展水力發電，所以，在該區域建造了許多水庫。

的工業區，也便於電力的輸送。

北海道的根釧台地，無法進行稻米種植，就連豆類等耐旱作物，其生產量也不穩定。所以，該台地夏季短暫、出現濃霧的地方很多，因而即便是短暫的夏季其平均氣溫也不到二〇度，一年之中無霜期大約只有五個月。

老　師：「再舉一例，請看看下面的文章。即使在針對成年人開設的邏輯思考講座中，也經常使用這個例子。」

一般事實的「逆命題」（上面的例文）

在中央高地建造了許多水庫，所以中央高地朝向水力發電發展。

本來是要描述因為多霧、氣溫低，所以稻米種植或是耐旱作物的產量都不穩定的文章，但是上面的例文卻寫成其「逆命題」，將「若A則B」的事實以「若B則A」的形式進行說明。

「會講英語的A先生曾經留學英國。」

「會講法語的B先生曾經留學法國。」

「會講中文的C先生曾經留學中國。」

除了A先生、B先生、C先生以外，也有許多會講外語的人有海外留學的經驗。

因此我們可以說，要學會外語，就要到使用這種外語的國家去留學。

會講英語的A先生

會講法語的B先生

會講中文的C先生

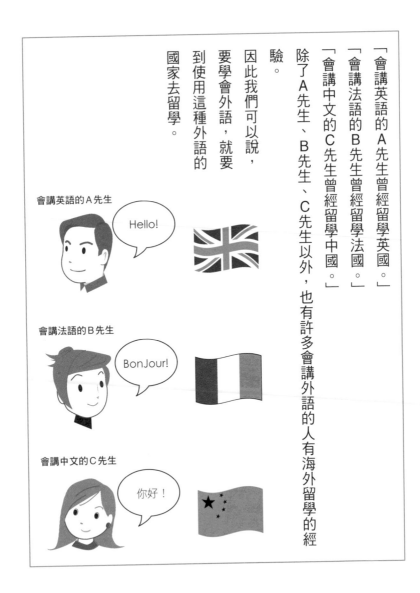

老　師：「在這篇文章裡，從有關A先生、B先生、C先生的描述中做出『為了學會外語必須留學』的結論，大家有沒有覺得哪裡不合理呢？」

公太同學：「嗯～我不覺得有哪裡特別不合理，聽說會講外語的人事實上都曾經留學過。」

老　師：「舉例來說，A先生為什麼變得會講英語呢？」

公太同學：「因為曾經留學過嘛！文章裡有寫。」

老　師：「是這樣嗎？老師如果是在國外的學校當校長，就會招收那些已經能使用該國語言的人作為留學生，否則的話是無法進行教學的。」

真菜同學：「我懂了我懂了！這個啊，也許無論是A先生、B先生或是C先生，本來大家就已經會講外語了所以才去留學的，對吧！」

老　師：「正是如此！這篇文章說的是『會講外語的人，曾經到使用該語言的國家留學過』，但是其『逆命題』——『如果留學的話就能變得會講外語』，這篇文章中並沒有這麼說。這也是將『逆命題』誤以為真的例子。」

④邏輯思考的必備工具「集合圖」

把3年3班和喜歡咖哩飯的關係畫圖表示

老　師：「如果把『3年3班的學生都喜歡咖哩飯』這個句子畫成圖，你認為下面的圖A和圖B哪一個正確？」

A

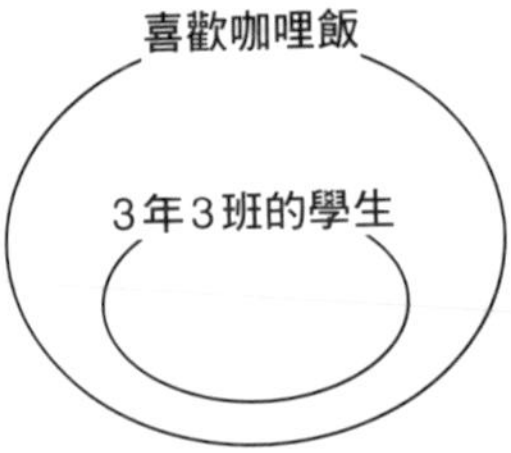

B

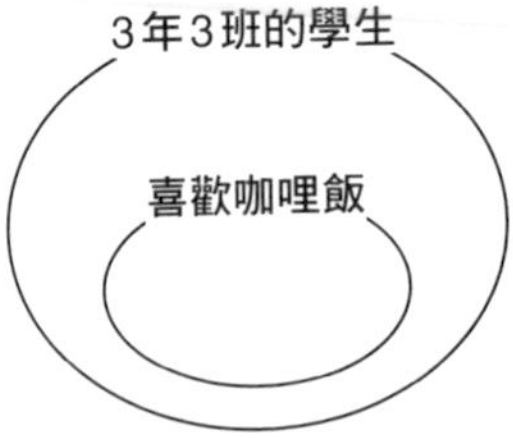

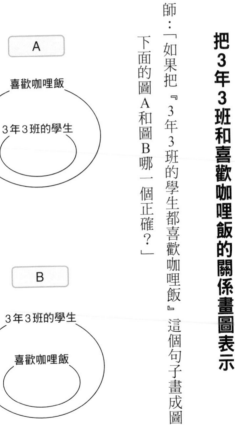

公太同學：「嗯～是哪一個呢？是A嗎？」

老　師：「那麼，我們試試看圖A吧。圓圈代表群組，3年3班的學生包含於（譯注：「包含於」是數學專有名詞）喜歡咖哩飯的圓圈中，我們能說他們喜歡咖哩飯嗎？」

真菜同學：「可以！因為3年3班的學生全部包含於喜歡咖哩飯的圓圈中。」

老　師：「正是如此！我們可以想成——喜歡咖哩飯的圓圈包含（譯注：「包含」是數學專有名詞）所有喜歡咖哩飯的人，圓圈以外是不喜歡咖哩飯的人。」

理由與結果、何者包含何者等等，向對方正確地傳達事物的「關係」，邏輯思考能達成這個目的。

「集合圖」正是表現邏輯思考的好工具，在閱讀文章、與人溝通時，養成習慣用集合圖的方式來思考，是非常有用的。一開始先以集合圖畫出內容，習慣之後，即使手邊沒有紙筆，腦海中也能浮現出集合圖。

範例：鳥類是脊椎動物的一種。

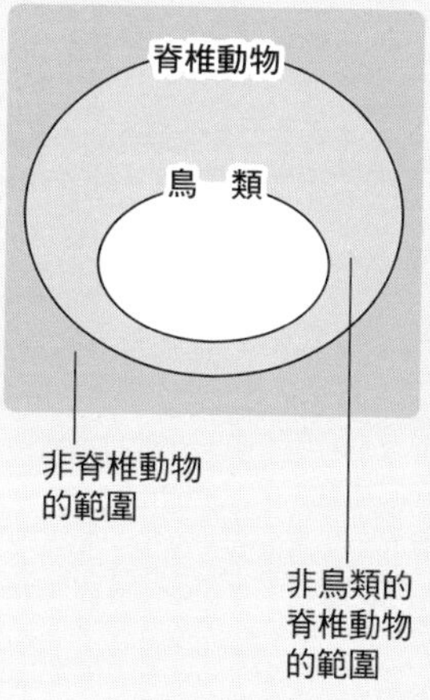

接下來，我們看看圖B。橘色部分表示的是3年3班的學生，而且是不喜歡咖哩飯的，對不對？」

B

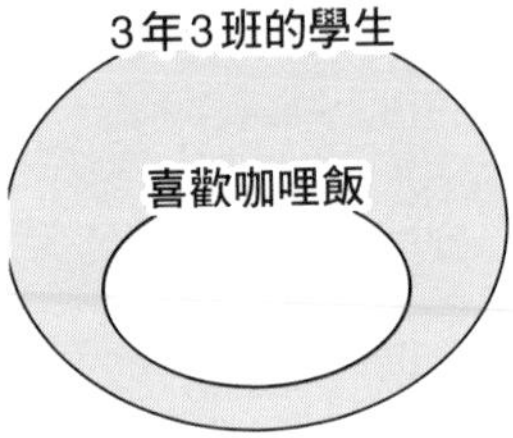

遙同學：「啊！原來如此！這樣就不符合原來句子所說的『3年3班的學生都喜歡咖哩飯』，所以，正確答案是圖A！」

畫出了集合圖，就能立刻判斷「不能因為不是鳥類就說是非脊椎動物」、「非脊椎動物就不是鳥類」是否正確。

範例：R同學的鄰居都是貪吃鬼。

利用集合圖，讓我們容易理解乍看之下很難的文章。

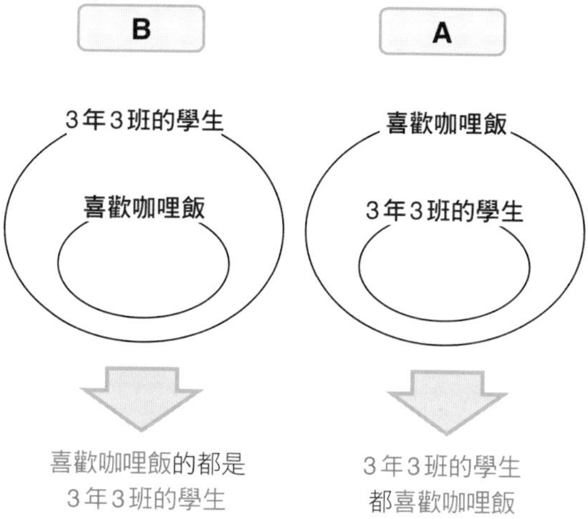

讓我們再看看第104頁的範例。

前提：

「會講英語的A先生曾經留學英國。」

「會講法語的B先生曾經留學法國。」

「會講中文的C先生曾經留學中國。」

除了A先生、B先生、C先生以外，也有許多會講外語的人有海外留學的經驗。

結論：

因此我們可以說，要學會外語，就要到使用這種外語的國家去留學。

前提是「會講外語的人曾經留學過」，將它畫成集合圖，就像這樣；

老　師：「正是如此！像這樣把何者是什麼的敘述以圓圈和圓圈的關係表示出來，在課堂上使用時我們稱為『集合圖』。因為它可以表現出群組的關係，所以也可稱為『關係圖』。」

集合圖的練習

老　師：「我們稍微練習一下集合圖的使用方法吧！請畫出下面四個句子的『集合圖』。」

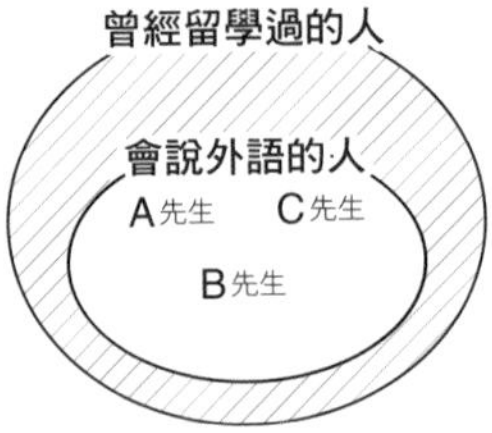

從表示前提的右圖中，我們知道曾經留學過的人未必只限於會講外語的人，斜線部分表示「曾留學過但不會說外語的人」，如此一來我們就會發現，結論所說的「因此我們可以說，要學會外語，就要到使用這種外語的國家去留學」是不合理的（無法根據前提而得出結論）。

❶ 2年1班的學生喜歡墨魚汁義大利麵。

❷ 「帶我飛向月球」（Fly Me to the Moon）是至今依然常聽到的經典老歌。

❸ 史蒂芬・席格（Steven Seagal）飾演主角時，主角必定獲勝！

❹ 下雨的日子裡，明先生一邊陷入沉思一邊讀書。

解答範例

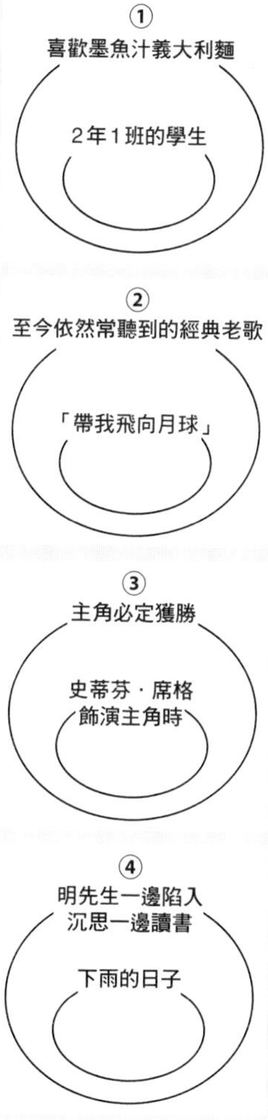

老　師：「請試著回答下列的問題。」

R同學請求爺爺買瑪利歐（Mario）的遊戲送他。
因為爺爺不知道什麼是瑪利歐的遊戲，所以R同學向爺爺說明如下：
「瑪利歐戴著紅色帽子、穿著背帶式連身工作褲，進行冒險行動。」
第二天，爺爺買來了R同學所描述的遊戲，但是爺爺買來的遊戲卻不是瑪利歐。
為什麼會發生這樣的事呢？
請在下列甲～丁的選項中選出你所認為的原因。

甲．因為瑪利歐的遊戲種類很多。

解說

R同學用「戴著紅色帽子、穿著背帶式連身工作褲，進行冒險行動」來說明「瑪利歐」，然而光是知道「戴著紅色帽子、穿著背帶式連身工作褲，進行冒險行動」，不一定能斷定這樣的人就是瑪利歐。R同學有必要說明除了瑪利歐以外，是否存在其他「戴著紅色帽子、穿著背帶式連身工作褲，進行冒險行動」的遊戲主角。

這裡表示的是戴著紅色帽子、穿著背帶式連身工作褲，進行冒險行動，但是「不是瑪利歐」的遊戲主角

乙．因為爺爺認為遊戲是壞東西。

丙．因為除了瑪利歐以外，還有其他戴著紅色帽子、穿著背帶式連身工作褲、進行冒險行動的遊戲主角。

丁．因為除了R同學以外，爺爺還有許多孫子。

選項甲的敘述「瑪利歐的遊戲種類很多」，這無法成為爺爺買來了瑪利歐之外的遊戲的理由。

如果是選項乙「爺爺認為遊戲是壞東西」，則爺爺不會買來瑪利歐之外的遊戲，應該根本就不會買遊戲吧。

選項丁的敘述「因為除了R同學以外，爺爺還有許多孫子」與「爺爺買來了瑪利歐之外的遊戲」，這二者之間並無關係。

選項甲、乙、丁作為爺爺沒有買瑪利歐遊戲的理由都不正確。

解答 丙

老　師：「試著再回答一個問題。」

R同學問父親，魚類是什麼樣的生物。父親回答說：「魚類，棲息在水中，非常擅長游泳，為了能在水中呼吸，牠利用『鰓』進行呼吸作用。還有，魚類嘗起來非常美味、對身體也很好喔，日本人從以前就一直很喜歡吃魚喔。」

根據上面的敘述，請從以下選項甲～丁中選出R同學以為是對的，實際上卻是錯誤的敘述。

甲．魚類使用鰓在水中進行呼吸作用。

乙．在日本從以前開始就盛行吃魚。

解說

父親的敘述中要注意的，是父親說「魚類，棲息在水中，非常擅長游泳」，但他並沒有說「擅長游泳、棲息在水中的就是魚類」。

舉例來說，雖然海豚棲息在水中並且擅長游泳，卻不是魚類，在左圖中以紅點表示。

請想想「若A則B」與「若B則A」二者的不同之處。

丙．擅長游泳、棲息在水中的就是魚類。

丁．R同學的父親認為魚類嘗起來非常美味。

解答 丙

舉個簡單的實例：雖然「如果是鳥類就會飛行」，也不能因此而說成「如果會飛行的就是鳥類」（因為，飛機或是超人也會飛行）。

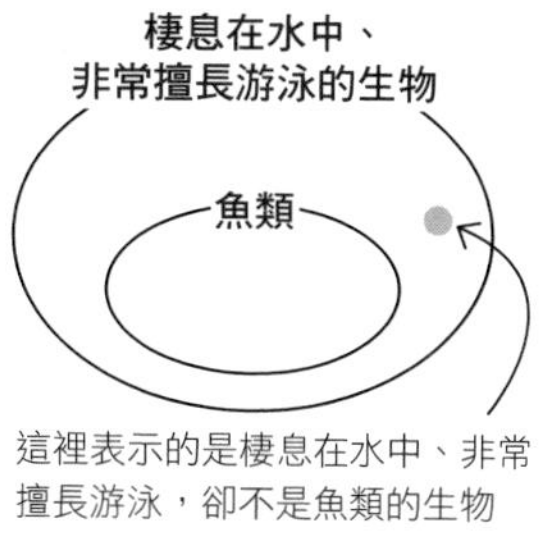
棲息在水中、
非常擅長游泳的生物
魚類
這裡表示的是棲息在水中、非常擅長游泳，卻不是魚類的生物

PART 2
邏輯思考的
教學現場

第❺章

利用「假設」來進行思考

①不亂猜，試著想像「也許是這樣」

如何選擇一個能引發熱烈反應的話題

老　　師：「現在，老師讓大家看看九位同學的個人資料。」

①太郎同學
現居地：東京
性別：男
喜歡的食物：葡萄
喜歡的運動：籃球
未來的夢想：開書店

②二郎同學
現居地：靜岡
性別：男
喜歡的食物：天婦羅蓋飯
喜歡的運動：足球
未來的夢想：律師

③佳子同學
現居地：神奈川
性別：女
喜歡的食物：桃子
喜歡的運動：排球
未來的夢想：開花店

④**直同學**
現居地：靜岡
性別：男
喜歡的食物：漢堡肉排
喜歡的運動：足球
未來的夢想：電影導演

⑤**智同學**
現居地：東京
性別：男
喜歡的食物：牛肉蓋飯
喜歡的運動：棒球
未來的夢想：醫生

⑥**陽子同學**
現居地：神奈川
性別：女
喜歡的食物：麻糬
喜歡的運動：滑冰
未來的夢想：開書店

⑦春男同學
現居地：東京
性別：男
喜歡的食物：焗烤蝦子
喜歡的運動：桌球
未來的夢想：科學家

⑧恭子同學
現居地：靜岡
性別：女
喜歡的食物：布丁
喜歡的運動：網球
未來的夢想：開麵包店

⑨義雄同學
現居地：靜岡
性別：男
喜歡的食物：義大利麵
喜歡的運動：足球
未來的夢想：畫家

老　師：「有各式各樣的學生，對吧。」

公太同學：「⑦號的春男同學和我好像會合得來。」

老　師：「為什麼呢？」

公太同學：「因為他也喜歡焗烤蝦子，連未來的夢想也和我一樣。」

老　師：「原來如此！原來如此！老師給你們一點時間，請大家看看這些人有什麼特點。」

老　師：「那麼，這裡有一件事請大家稍微想一想。現在來了一位名叫R的同學，他的個人資料如下。」

從某個問題或前提要得出結論時，這之間如果沒有串聯的理由或證據，就會變成「胡亂猜測」，這樣將會很難「具說服力地向他人傳達訊息」。

相較於只簡單敘述「日圓應該會升值，所以日圓存款的資產價值應該會提高。」

以下的敘述更容易使人信服：

「日圓被視為一種避險貨幣，在發生戰爭或是災害時，國際外匯市場會出現以其他貨幣購買日圓的情形，這會導致日圓需求大增，因此日圓將會升值，所以日圓存款的資產價值應該會提高。」

R同學

現居地：靜岡

性別：男

真菜同學：「只知道出生地和性別而已，沒有其他資料嗎？」

老　　師：「是的！如果是你，會和現在才來的R同學聊什麼話題呢？如果是我的話，我會盡量去想想看他可能對什麼話題感興趣。」

公太同學：「這樣啊～如果是我的話，我會問R同學『有帶手機嗎』。」

能夠提高結論說服力的是支持該結論的理由，在課堂上，我把帶有理由的「猜測」稱為「假設」。自己提出的猜測、結論是不是亂猜的？還是一種假設？可以從小學開始就給予他們察覺這些事情的機會。

小學生解答得出的多數問題，或是其他日常生活裡的困擾，大多數的情況都是運用公式或記得的知識、過去的經驗，而獲得解答的。

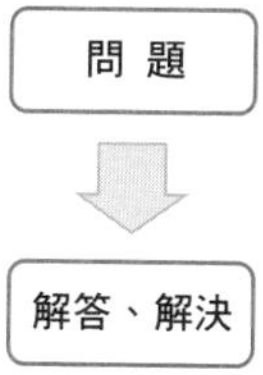

老　師：「為什麼會想要聊這個呢？」

公太同學：「因為我真的好想好想好想有手機，我認為如果他和我一樣也好想有手機的話，我們一定會聊得很愉快！」

老　師：「原來如此！這是其中一種想法，有沒有別的呢？

重要的是不胡亂猜測，因為是『思考談論什麼話題能夠引發熱烈反應』，當然公太同學的想法也沒錯喔！但是今天難得的是，能夠仔細看看別人的個人資料，何不試著當作參考來想想看呢？」

然而，身為成年人的我們就能體會到，對於高難度的考試或是進入職場所面臨的問題與課題，只依靠既有的知識在大多數情況下是無法解答或解決的。

這裡必須具備的能力，是整合截至目前為止的知識、建立假設，運用該假設來解決至今不曾碰過的問題的能力。

只有兩條資訊也能建立假設

真菜同學：「原來如此！所以才會一開始就讓我們先看那九位同學的個人資料啊。」

老　　師：「是的，正是如此！看了那九位同學的個人資料之後，有沒有知道什麼事呢？還有必須記住，對於R同學我們只知道他『靜岡出身』、『是男生』這樣而已。」

真菜同學：「啊，我發現九個人當中有四個人是靜岡出身的，而其中的三個男生都喜歡足球，所以說不定靜岡的男

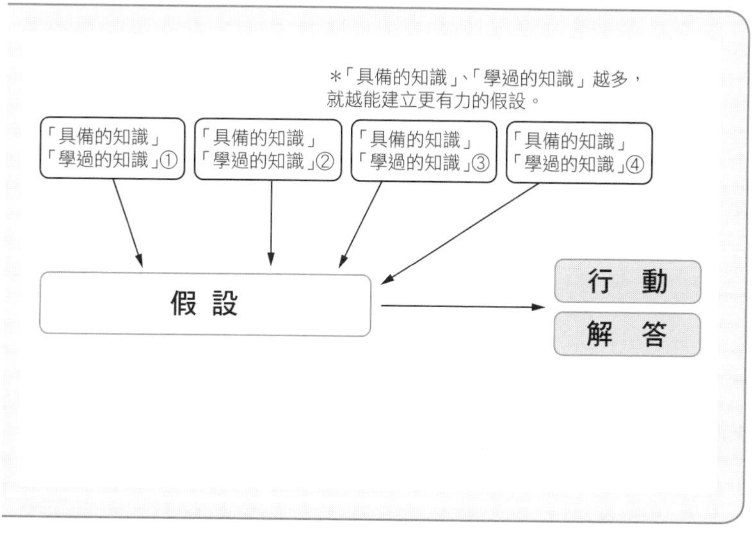

生有很多人都喜歡足球，如果試著和他談論有關足球的事，也許會很不錯。」

老　師：「原來如此！這真是很有趣的猜測！我想我也會選擇有關足球的話題跟他交談，我的推測和真菜同學一樣。」

公太同學：「但是說不定只是碰巧那三個人都喜歡足球罷了！」

老　師：「這正是我在想的事！但是重要的是，選擇什麼話題可以熱絡交談？就是思考『也許是這樣』，相較於完全亂猜，思考『也許是這樣』更為重要，這就是今天上課的主題。」

對於單純的計算題或是知識填空的題目很拿手，但是對不曾見過的題目束手無策的學生，我發現他們大多數都欠缺運用「假設」來解題的經驗。

像是計算題或文章題、漢字測驗等已有標準答案的問題，對於已習慣這些題目的小學生來說，他們可能很不習慣從「雖然可能是錯的，但說不定是這樣」的假設來進行思考。

然而在現實社會裡，不可能對問題情境事先準備好一個答案，而且是在還不知道是否有解答時，就必須摸索著一步步向前邁進。

我希望從小學生時期開始，就要去體驗大量的建立「假設」、利用該「假設」進行思考，進行這樣的練習。

在課堂上，我們會刻意丟給同學們沒學過的問題，讓他們從參考資料或提示當中建立假設，以探索答案。

我希望我們的學生的特質就是不再說出「不了解」、「沒學過」、「不知道」這樣的發言。

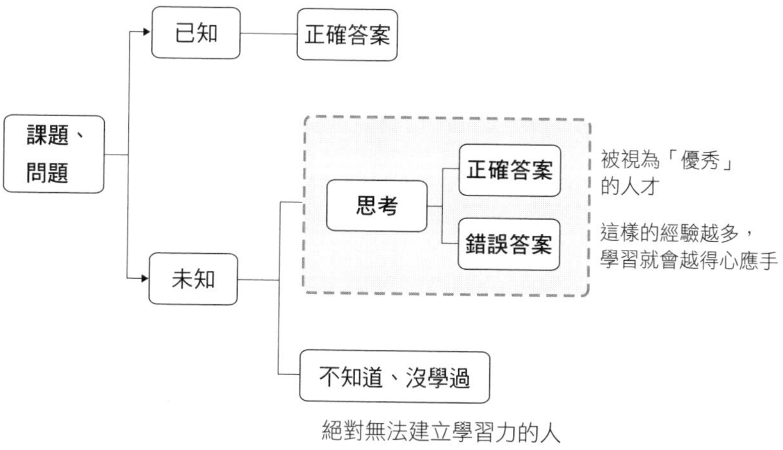

② 如果猜錯了，就再試一次「也許是這樣」

空白的考卷絕對是零分……

老　師：「遇到不懂的問題或是不理解的事時，我希望大家這麼做：整合已知的事、理解的事，然後建立『也許是這樣』的推測。

當然也有可能這個『也許是這樣』的推測是錯的。

但是，知道錯了之後，只要再建立新的推測就可以了。

空白的答案紙絕對是零分，只因為空白答案紙白得很美麗就得到分數，這是絕對不可能的事。

不只是考試，就連發生在自己身上的問題，我希望你們都要抱持這種態度。」

練習建立假設

老　師：「接下來透過題目，我們來練習建立假設，然後解決問題。」

練習題1
請問下列三個縣，哪一個縣的桃子的生產量位居全國第二。
A　長崎縣　B　埼玉縣　C　福島縣

資料1

山形縣的櫻桃產量全國第一	青森縣的蘋果產量全國第一	長野縣的蘋果產量全國第二	山梨縣的桃子產量全國第一
山形縣簡介 位於最上川下游的庄內平原，自江戶時代以來即是稻米產區。山形盆地有櫻桃、葡萄、西洋梨等水果作物。 	**青森縣簡介** 三戶町位於青森縣的最南端，是自然資源豐富的群山所圍繞的盆地。縣內保持著全國最高溫與最低溫的紀錄，而美味蘋果的其中一個條件就是——溫差很大。	**長野縣簡介** 長野縣的縣治長野市或松本市，都是典型的內陸型氣候，長野盆地和松本盆地的蘋果產量大，僅次於青森縣。 	**山梨縣簡介** 山梨縣的縣治甲府市，位於甲府盆地的沖積扇區域，盛行葡萄、桃子等水果作物的栽培。勝沼町有釀製葡萄酒。 

- 盆地：四周環山的平地，溫差大。
- 縣治：縣政府的所在地。
- 沖積扇：河流從山上流至山麓或平地後，在谷口堆積形成的扇形地形。

這是針對未修習地理／農業的學生所設計的題目。這些學生並不知道「桃子產量位居全國第二的是福島縣」這個常識。

這個題目，是希望學生不要說「沒學過」、「不知道」、「聽不懂」，而是要培養學生從手邊的資料著手建立「假設」，朝向解決問題的方向前進的態度。

希望同學們詳讀資料1之後，開始思考以種植水果聞名的縣，有何共通點。對於還不習慣的學生，可以重點提示：「這裡所描述的以種

資料2

福島縣簡介	埼玉縣簡介	長崎縣簡介
福島盆地農業盛行，阿武假高地飼養乳牛、肉牛；擁有會津漆器等傳統工業；郡山市的化學、紡織工業發達；只見川的發電很有名，在太平洋沿岸有密集的核能發電廠。縣治是福島市。	該縣許多城市為東京都的衛星通勤城市，人口增加快速；狹山市、川越市等地的機械工業很發達；武藏野的台地是種植耐旱作物的中心。縣治位於合併浦和、大宮、與野三市的埼玉市。	縣治長崎市和廣島市同樣遭受過原子彈轟炸；其海岸為鋸齒狀的谷灣海岸（ria coast）；雲仙岳（主峰普賢岳）的火山噴火造成嚴重災害。縣內漁業盛行，大村灣的珍珠養殖、有明海的紫菜養殖興盛。長崎市和佐世保市的造船業興盛，長崎市也與中國有貿易上的往來；對馬島則是與韓國貿易的窗口。

我們補習班的入學審查中，並沒有問知識類的題目。我們只想確認一件事：學生與第一次見到的問題纏鬥時，是否試圖往答案邁進。

植水果聞名的縣，有什麼共通的特徵呢？」

進而發現「以種植水果聞名的縣有盆地地形」，就算不知道什麼是盆地（沒注意到附註說明），也會想到

「盆地適合種植水果」

這樣的假設。

並且詳讀資料2中有關長崎縣、埼玉縣、福島縣的說明，找到福島縣的描述中有出現「盆地」。

這個題目的重點是建立假

設。面對問題的靈活應變、朝向解答不斷前進，該如何培養學生的這兩種能力，重點應該就是大量練習「建立假設而找出答案」吧。

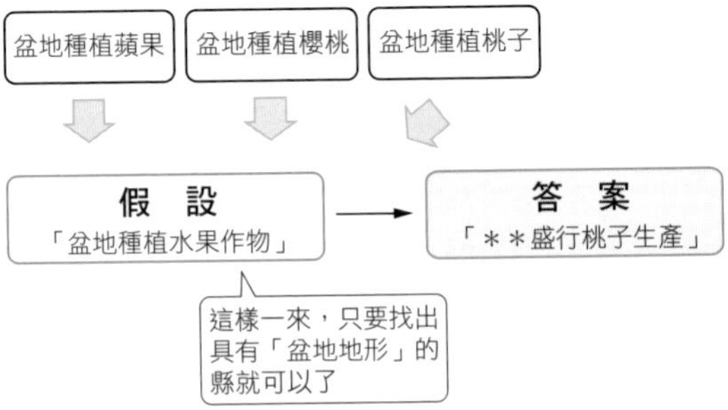

「盆地種植水果作物」

「＊＊盛行桃子生產」
這樣一來，只要找出具有「盆地地形」的縣就可以了

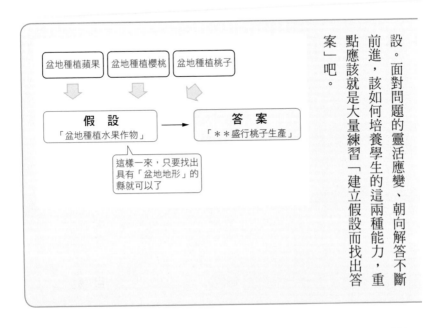

盆地種植蘋果
盆地種植櫻桃
盆地種植桃子

練習題2

鯖魚、加納魚、比目魚、紅甘、鮭魚、秋刀魚，請將上述六種魚依據其肉質，分為紅肉魚或白肉魚。

資料1

超市的販魚專櫃，總是陳列著許多秋季的漁獲，像是鯖魚、比目魚、鮭魚、秋刀魚、紅甘、加納魚等等。據說食用當令的魚類對身體非常好，其理由之一是因為魚類富含構成人體所需的營養素——蛋白質。

可以將魚分為兩種：紅肉魚和白肉魚。紅肉魚由於持續以高速游至遠洋所以肉身較厚，其肉身被稱為紅肉；白肉魚因為棲息在沿岸、海底而不太移動，和紅肉魚相比，肉身較薄。

解答範例

鯖魚、紅甘、秋刀魚是紅肉魚，加納魚、鮭魚、比目魚是白肉魚。

如果有學生反映「不知道什麼是紅肉魚和白肉魚，沒學過」，這些同學應該反省其整體學習上的態度。這個問題從參考資料中可以建立「紅肉魚是洄游至遠方的魚類，白肉魚是在近海處活動的魚類」的假設，就能找出答案。

令人感到意外的是，鮭魚竟然是白肉魚，但是動物學上的確將之歸類為白肉魚。

鯖魚

鯖魚的漁獲量，即便是在日本漁獲量豐富的銚子漁港也是位居第一。銚子漁港以遠洋漁獲的豐富卸貨量而聞名。

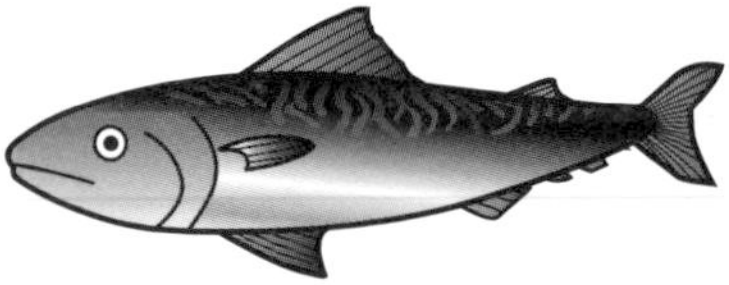

加納魚

加納魚的漁獲量在瀨戶內海相當豐沛，這種魚喜歡棲息在海中多岩石之處。

比目魚

喜歡棲息在海底多沙的地方，產卵時會遷移到淺海區域，不是大型魚，其大小與加納魚相近。

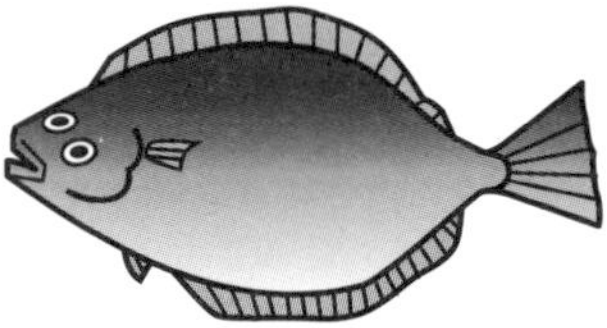

鮭魚

在河中產卵，長大的鮭魚會游向大海而改變棲息區域，但是為了產卵又會洄游至出生的河川，所以它們不會移到距離出生河川太遙遠的海洋棲息。在日本國內，北海道的鮭魚漁獲量排名第一。

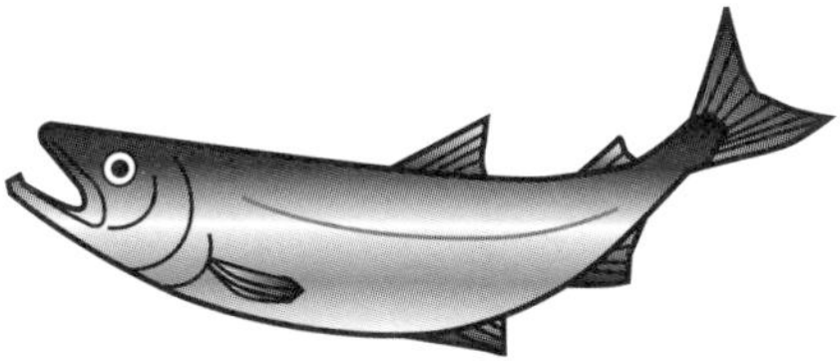

秋刀魚

從日本海到美洲大陸、阿拉斯加都有其蹤跡。北海道的根室漁港，漁獲量為全國第一。

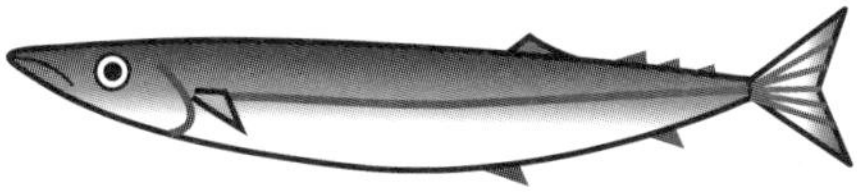

紅甘

迴游於從日本遠至夏威夷附近的海域。名古屋的漁獲量為全國第一。

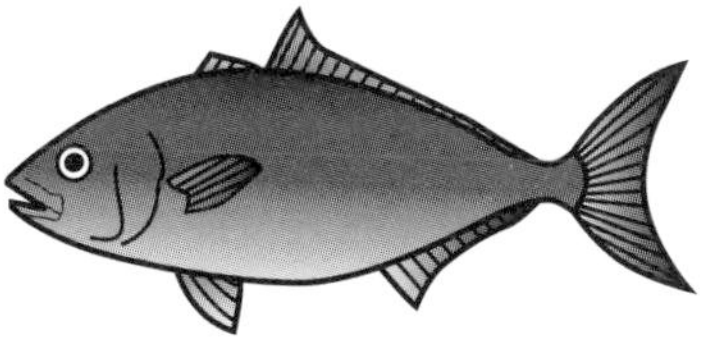

練習題3

夏秋高麗菜的產量位居日本第三的縣是哪一個？

①大分縣
②長野縣
③福島縣

解答範例

②長野縣

根據資料1，可以推測出何者是夏秋高麗菜盛產地區的必要條件。藉由這個問題，希望學生能從對於岩手縣、群馬縣、北海道的描述中建立「夏秋高麗菜是不是都在海拔較高的地方種植呢？」的假設，只要建立了這個假設，就能從資料2長野縣的說明當中發現有關高原的敘述。

面對沒碰過的問題，從手邊的資訊著手建立假設，利

資料2

北海道的夏秋高麗菜產量位居第二	群馬縣的夏秋高麗菜產量位居第一	岩手縣的夏秋高麗菜產量位居第四
北海道簡介 位於本州以北，是日本第二大島嶼。由於面積遼闊，以石狩山地、富良野盆地、十勝平原、根釧台地為首，擁有各式各樣的地形。農業與畜牧業盛行，可說是日本的糧倉。與本州相比氣候寒冷為其特徵，即使夏季的平均氣溫也只有攝氏20度。	群馬縣簡介 為內陸縣，多山地。縣內以著名的活火山淺間山為首，有榛名山、赤城山等多座高山，群山圍繞的高原地帶冬季降雪量大，滑雪場眾多，也有眾多溫泉湧出，高爾夫球場或是別墅地、露營地等休閒娛樂設施也為數可觀。	岩手縣簡介 位於東北地方的北部，該縣的東側有北上山地，西側與秋田縣交界處有奧羽山脈縱走。其周邊有安比高原、種山高原等多個高原，也是日本具代表性的滑雪地。屬於谷灣海岸地形的三陸海岸，海帶養殖很盛行。

- 夏秋高麗菜：在日本，高麗菜依出貨時間分為冬高麗菜（11~3月）、夏秋高麗菜（7～10月）、春高麗菜（4～6月）。
- 高原：海拔高而且平坦的地形。由於海拔高，即使夏天也很涼爽，因而常被當作避暑勝地，也常開闢滑雪場。

※生產量的排名是依據2004年的資料。

用已建立的假設找出答案，並且不斷練習這個過程。

順帶一提，作者們還正在研究「如何檢驗假設是否正確」、「如何將之放入教材當中」。

資料2

大分縣

位於九州的東部。溫泉源頭數量與湧出水量均高居全國第一；雖然山地的地形佔了極大面積，但整體上屬於溫暖氣候，因此甘夏蜜柑等作物種植盛行；南部的日豐海岸之谷灣海岸地形發達，周邊海域可以捕獲名為「關鯖」的白腹鯖等高級魚種。為了活化地區經濟而推行「一村一品運動」，縣內各地都會推出在地農特產品與活動。

長野縣

面積大小為全國第四，縣內日本阿爾卑斯山脈（飛驒山脈、木曾山脈、赤石山脈）縱貫南北，周圍有許多盆地；各地區氣候不同，志賀高原、菅平高原、八岳山腳等高原平均氣溫低、連夏季也很少超過攝氏25度；涼爽的氣候使得蘋果的種植盛行，其產量僅次於青森縣而排名第二。

福島縣

位於東北地方的南部，被奧羽山脈、越後山脈、阿武偎高地所圍繞；其農業之興盛在東北地方排名第三，會津盆地與郡山盆地的稻米、福島盆地的桃子與櫻桃等水果作物盛行。水產業以鰹魚或虹鱒、養殖鯉魚等聞名；具日本代表性高原地形沼澤地的尾瀨濕原，以美景著稱而被登錄為特別天然紀念物。

PART 2
邏輯思考的教學現場

第❻章

整理資訊不遺漏、不重複

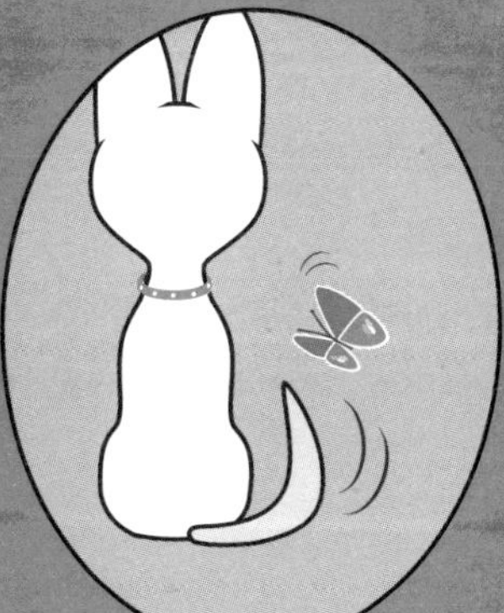

① 不使用「層次」這個詞而了解什麼是「層次」

如何將班上同學分成兩組？

老　　師：「請將班上同學分為兩個群組。」
公太同學：「男生和女生。」
真菜同學：「穿長袖的和穿短袖的。」
遙 同 學：「大人和小孩。」
公太同學：「對了！還有穿著綁鞋帶鞋子的和穿著鞋面上有圖案鞋子的。」
老　　師：「原來如此！做得好！就是這樣！

一提到「邏輯思考」，許多人腦海中浮現的不就是「MECE」嗎？大多數針對社會人士所寫的邏輯思考的書籍，都會提到MECE的觀念。

「MECE」是「Mutually Exclusive and Collectively Exhaustive」的縮寫，意思是「由彼此獨立的子集合組成全無遺漏的母集合」，也就是「彼此獨立，全無遺漏」。

簡單來說，就是一種「不遺漏、不重複」的資訊處理方法，並且加以運用。（編按：可參考經濟新潮社出版的《邏輯思考的技術》，照屋華子、岡田惠子著）

對事物做分類時，如果有重複或遺漏，就無法正確地計算；而從錯誤的如果老師說將班上同學分成兩個群組，一組是男生，另一組是小孩，大家有沒有覺得哪裡不合理呢？」

遙同學：「我覺得不合理！兩個群組都包含我！」

老　師：「答對了！所以說，公太同學所說的『穿著綁鞋帶鞋子的和穿著鞋面上有圖案鞋子的』這個分類方式，用於只有三位同學的本班也許可以，但是用於人數很多的時候是不方便的，大家是否了解呢？」

公太同學：「啊！原來如此原來如此！我懂了！這樣確實不合理。也許有人穿的是有鞋帶又有圖案的鞋子，也可能有人既不用綁鞋帶也沒有圖案。」

計算所產生的資訊，也將失去意義。

舉例來說，現在要報告便利商店當中的書籍雜誌的情況，有人這麼說：

「我們架上的品項非常豐富。有A報、B報還有C運動日報，另外有D周刊和E月刊，而且也有F運動日報，再加上G漫畫雜誌和H漫畫雜誌，還有J月刊和K周刊也還沒賣完，也有L文庫和M文庫。」

但是下面這種說法更好：

「大致上可分為兩類，**定期發行**的報紙、雜誌，和**不定期出版**的文庫、書籍。」

透過這樣的表達，才可能產生有關市場行銷、書架的陳列方式或主力商品的決策等等建議。

將班上同學分為二個群組的方法

老　師：「說得好！今天上課的主題就是剛剛所說的——思考如何為事物做分類。」

乍看之下不相關的詞彙，如何分類？

老　師：「接下來，請大家將下列詞彙分成兩個群組。」

食物　足球　吐司　書　繪本　漫畫書
小說　容器　玻璃杯　蘋果　棒球　運動
碗　網球

公太同學：「我做好了！」

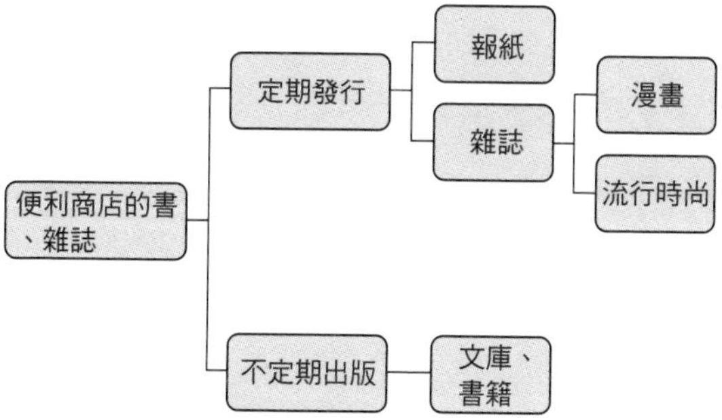

不論是企管顧問或是律師、會計師、行銷工作者、企業經營者、政策的決策者，他們都需要分析資訊進而

老　師：「完成之後，請試著為分類的群組命名。」

公太同學：「我的分類是這樣。」

①食物

食物　吐司　蘋果

②不能吃的物品

足球、書、繪本、漫畫書、小說、容器、玻璃杯、棒球、運動、碗、網球

老　師：「好厲害！很有趣的分類法！分類的根據非常清楚。」

提出建議，必須對資訊做出正確的判斷。對他們來說，處理資訊是否做到MECE（彼此獨立，全無遺漏）非常重要，因為能夠正確掌握資訊全貌的工具，就是MECE。

因此，MECE被大量運用在學習思考與溝通的場合，甚至有人說「邏輯思考＝MECE」。

但是，本來MECE只是邏輯思考的方法之一，它能夠讓「若A則B」的因果關係更明確。MECE只是「邏輯思考」這棵大樹的一部分而已，希望大家記住這件事。

雖然漫畫和吐司看起來完全不同種類……

老師：「公太同學的分類當然沒錯，重要的是思考『我是這樣分類的』這件事。本來事物的分類方法就沒有所謂的標準答案！
雖然沒有標準答案，但是今天希望大家思考、然後記住的分類法是下面這個方法，請大家看看。」

群組1
食物　書　容器　運動
群組2
漫畫書、吐司、繪本、小說、蘋果、玻璃杯、棒球、足球、碗、網球

老師：「大家了解這是如何分類的嗎？」

遙同學：「嗯~隨便亂分類的吧？」

公太同學：「這樣的分類感覺很奇怪！像是漫畫和吐司完全是不一樣的東西啊。」

「大範圍群組」和「其中所包含的小項目」

老　師：「那麼，老師現在開始唸兩個句子作為提示，一開始的句子是讓人容易理解的句子，後面的是讓人容易混淆的句子。」

老師喜歡的事情是吃東西和做運動。

老師喜歡的事情是吃東西和吃吐司。

遙同學：「吃東西和吃吐司──這樣的說法對嗎？到底喜歡的是……啊！我知道剛才的分類法了！剛才老師寫的群組分類是分為『大範圍群組』和『其中所包含的小項目』，對吧！」

老　師：「遙同學真是細心！

在這裡老師希望大家知道，有歸類世界上萬事萬物的群組，也有進一步將不同群組歸類在一起的群組。如果將歸類範圍不相同的事物並列在一起，會讓人感到困惑『到底在說什麼？到底說了幾件事？』而搞不清楚。

接下來，請大家想想以下幾個例子，會讓人混淆的原因是什麼。」

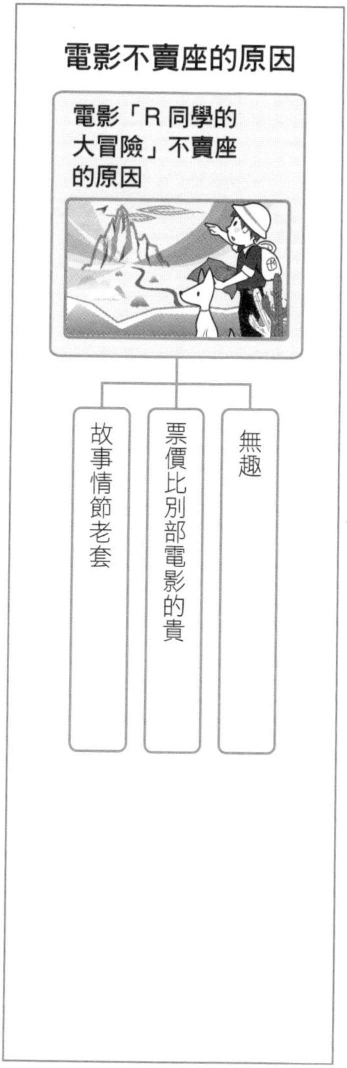

範圍不相同的事物並列的例子

圖書館裡有各種書籍，有故事書、説明書、厚重的書、輕薄的書、攝影集、漫畫書和外文書。

我喜歡吃肉、麵食和漢堡肉排。

我未來的志向有兩個，一個是成為有錢人，另一個是成為醫生。

什麼！問我最不拿手的科目？這個嘛～國語和自然，還有填空題不拿手。

遙　同　學：「『無趣』這個理由總覺得很模糊。」

真菜同學：「應該是因為『故事情節老套』導致變得無趣，這兩個理由並列在一起好嗎？」

老　　師：「原來如此！對呀！這兩者是原因與結果的關係。」

公太同學：「這就好比說是『我喜歡蛋糕的理由有兩個，一個是甜的東西、另一個是好吃的東西』，對吧。因為是甜的所以覺得好吃，像這樣算成『兩個理由』是很奇怪的事，對吧！」

老　　師：「看來大家都已經完全了解了！」

② 要做到任何時候都能用圖解表現層次結構

喜歡的事物有13個!?

老　　師：「閱讀下面的文章後，請問R同學喜歡的事物有幾個？」

R同學：「我喜歡看漫畫、繪本、書籍、小說；另外還喜歡聽音樂以及看電視卡通、觀賞足球比賽、踢足球、打棒球、做運動、玩躲避球、踢足壘球；還有，也喜歡吃點心。」

大多數的學生會依照文章裡出現的順序計算「喜歡的事物」有幾個，於是會說是「13個」，然而如此一來便無法掌握R同學喜歡的事物的全貌。如果要得出所謂的正確答案，答案是「大範圍項目可分為5項，其下再細分有11項」。

要注意的是，你所歸類的大範圍項目要盡可能做到「不遺漏、不重複」。好不容易說明了「分為哪幾大項」，如果該分類項目有重複或是遺漏的話，會使得聽話者或閱讀者感到混淆，而無法正確地傳達訊息。

公太同學：「有這麼多！不過喜歡的事物多達13個，真了不起，對吧！」

真菜同學：「會不會太多了呢？」

遙同學：「嗯～等一下！把做運動和踢足球分開計算，這樣好嗎？」

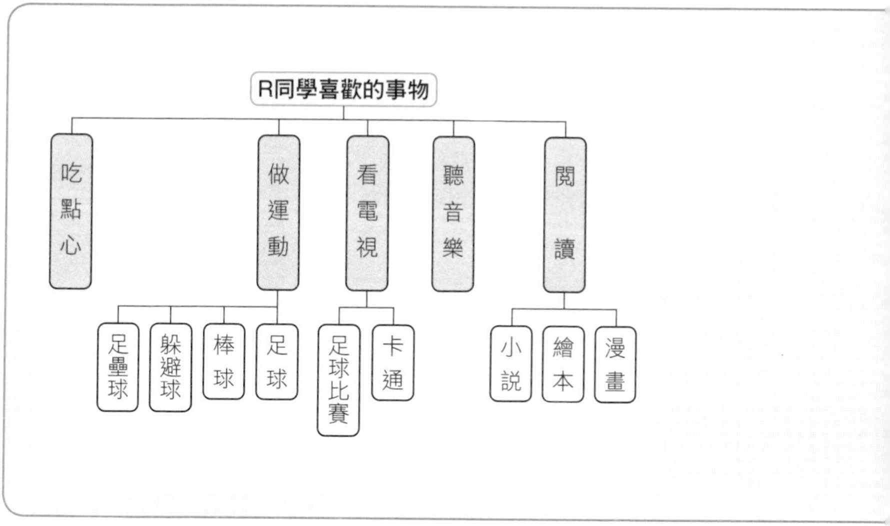

無論是在商業領域或是學術領域，如果你的「說明」令人很難理解的話，別人就會連你到底說了幾件事都搞不清楚。

相反的，「重點有兩個」、「大致上可分為三個問題」，藉由像這樣清楚說明有幾件事，讓人容易理解，這個方法稱為「編碼」（numbering），在許多書籍或是研討會中會提到這樣的簡報（presentation）技巧。

在敘述的一開始先說明有幾件事，可以讓聽話者或閱讀者在腦海中自行描繪出金字塔結構。

利用金字塔結構，可以讓對方更容易了解

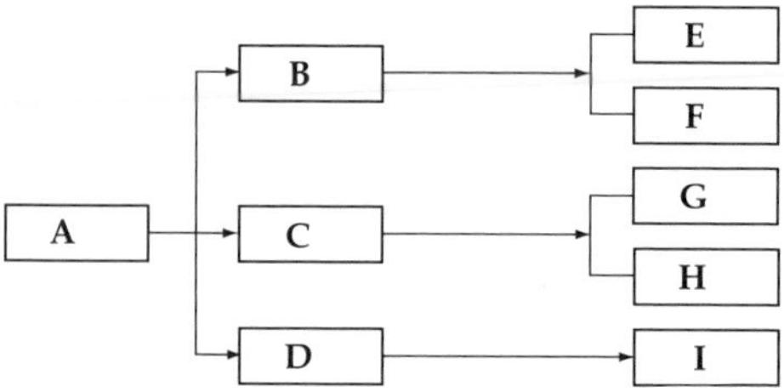

我認為是A的理由大致上可分為三項。第一項是B、第二項是C、第三項是D。B的話可以分成E還有F；C可以分成G和H；D的話就是I。

請記住這樣的說明方式：**「××大致上可分為○項，第一項是……、第二項是……、第三項是……。」**

③ 建立文章的結構

文章可以圖解成金字塔結構

老　師：「當你寫文章或是說話時，利用線條或框架，用視覺就可以了解其脈絡，這就稱為『建立結構』。

假設你可以一目十行地閱讀好了，看到以金字塔結構所畫出的圖，還是能更快了解文章所要表達的意思。

閱讀文章或是聽別人說話時，能夠學會整理成金字塔結構，這就是各位同學的目標。

一旦建立了文章的結構，就會變得容易理解

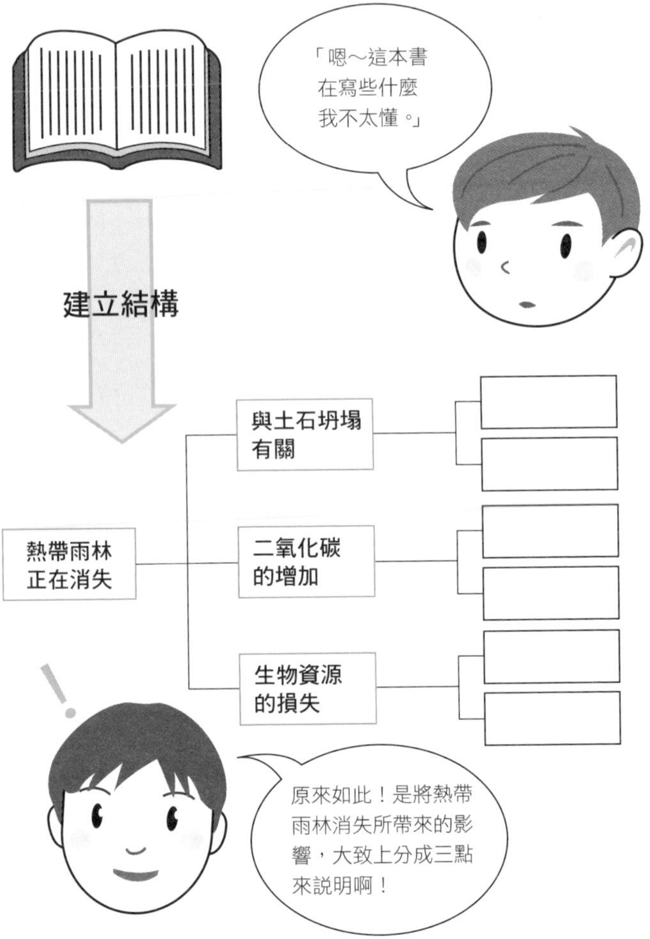

如果更熟練的話，一邊閱讀或一邊聽別人說話時你的腦海中就會浮現金字塔結構的圖。如果能達到這樣的程度，不論是多麼困難的敘述或是文章，都會變得更簡單。」

建立結構時要注意有無重複

老師：「那麼請試著建立下列文章的結構。」

就連在成年人的世界裏，也經常藉由建立架構來整理文章、現象情境、或是觀點。例如，現在有個偉大目標是「讓公司成長」，即使提出一些像是「為了增加營業額必須增聘業務人員」這類一時興起的想法，也無法連結到具體行動。正確的做法是，先定義「公司的成長」意思是「增加利潤」，然後去想想看，利潤是由哪些實質因素所組成的。

建立架構，就是將現象、情境，用經過整理的形式具體地呈現出來。

所以，從「讓公司成長」這樣含糊不清的課題出發，將無法產生具體的對策；著手建立架構，才能產生可供血液對維持人體機能有著極大的功用，它在人體中不斷循環流動，一邊輸送必要的養分、一邊將已經不需要的物質送出體外；同時，它會把經由肺循環吸收的氧，輸送到人體各處，並將不要的二氧化碳送回肺部排出。另外，血液會攻擊病原體或病毒，以保護人體。經由血液輸送的養分有蛋白質、糖、脂肪等等。

公太同學：「我完成了。請看看我的圖示，我做得好不好？」

具體行動的論點。同時，藉由建立架構也能達到俯瞰問題全貌的作用。

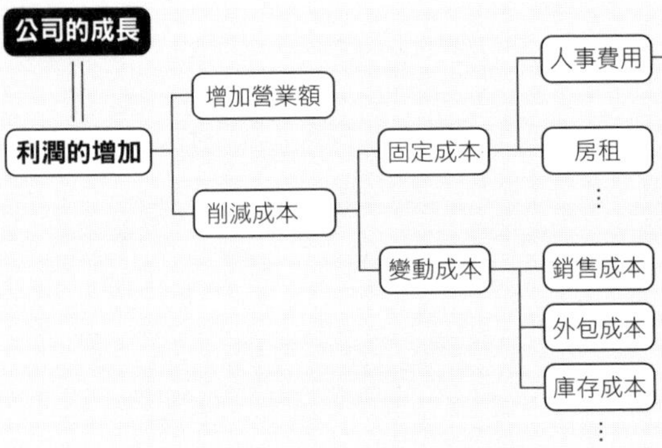

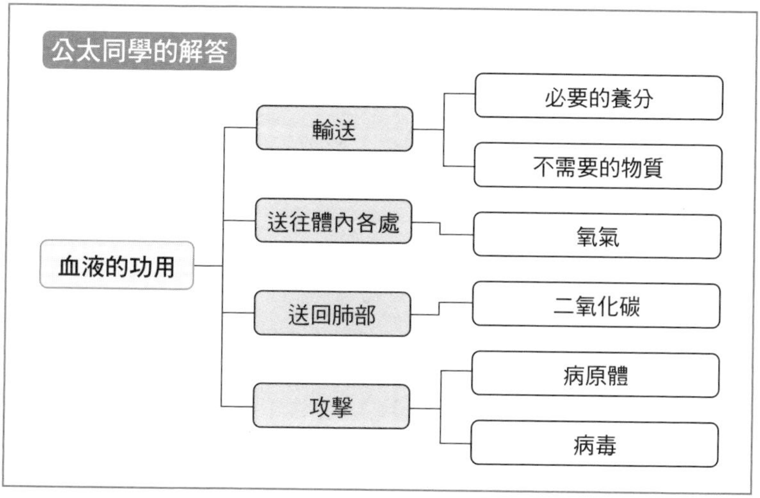

其實，所謂「不曾有人提出的新點子」，往往都是仔細整理事物之後俯瞰全貌的人所發現的，一般人所說的「創意」與邏輯結構的建構力，這二者並不是互相對立的關係。

我有很深的感觸，許多人把邏輯思考和「創意」視為如水與油一般無法相溶。

一提到我在教小學生學習邏輯思考，就會聽到許多人憂心忡忡地說：「如果教小學生邏輯思考這樣的東西，孩子不是會變成彷彿是從同一個模子出來，不具備獨特性了？」

在送孩子到我們的班上時，有些母親也透露了這樣的擔心。

老　師：「知道有些項目重複了嗎？
文章裡所說的，送往體內各處和送回肺部，說起來都是在輸送什麼東西，不是嗎？
請想想看，這篇文章所寫的血液的功用，可以大致分成兩種功能。」
真菜同學：「我懂了！圖解完成了！」

我想請大家在第165頁試著想想，真的會這樣嗎？為什麼大家會這樣認為呢？

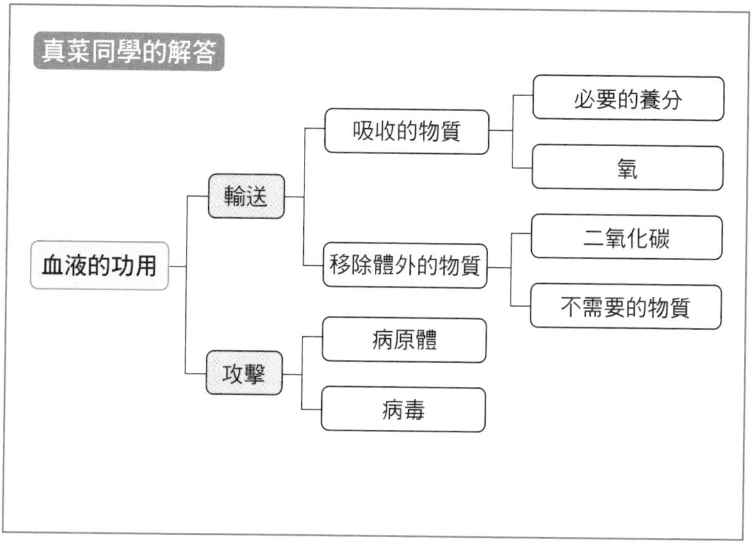
真菜同學的解答
血液的功用
輸送
攻擊
吸收的物質
移除體外的物質
病原體
病毒
必要的養分
氧
二氧化碳
不需要的物質

將文章化為金字塔結構，就會變得容易理解

公太同學：「好像一建立了結構，就能清楚知道這篇文章寫了些什麼。」

老　師：「說的好！所謂建立結構，就是徹底了解文章的內容是以怎樣的方式組成的。

即便是老師我，在閱讀困難的文章時，也會在筆記本上畫出金字塔結構，一邊整理文章內容一邊進行閱讀。

教室裡快要考試的六年級學生，也正在以驚人的速度將入學考試題目的內容建立結構呢。想要快速理解各段落之間的關係，進而掌握文章的內容，我認為沒有比建立結構更好的方法了。」

建立文章結構的練習

老　師：「這裡有幾篇文章，大家試著建立結構看看。讀過了但還是不太理解的文章，就去建立結構看看，看能不能理解。」

（文章1）

森林裡樹木的葉子吸收空氣中的二氧化碳，釋放出我們所需的氧氣。但是，森林的功用不僅止於此，工廠排放的煙霧或是汽車的廢氣等等，這種對人體有害的物質森林也會吸收，換句話說，森林對人體健康有益。

解答範例

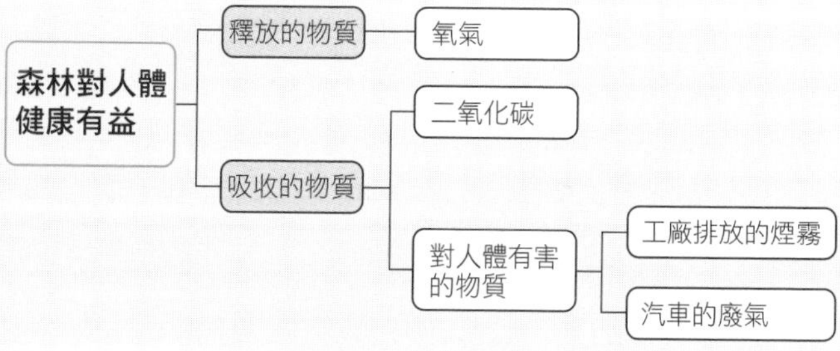

（文章2）

提到柑橘，通常是指溫州蜜柑。溫州蜜柑的種類非常多，能夠最早採收的稱為「極早生」，接著是「早生」、「中生」，最後採收的就是「普通溫州」。由於極早生比柑橘原本的盛產時節要更早在店面出售，因此可以用高價販售；普通溫州在柑橘的盛產時節採收，一個月之後才會在店面販售；極早生當中有「宮本早生」、「日南1號」等品種，普通溫州有「青島溫州」、「大津4號」等等；柑橘的產地主要以和歌山縣及愛媛縣、靜岡縣為主，和歌山縣的產量全國第一。

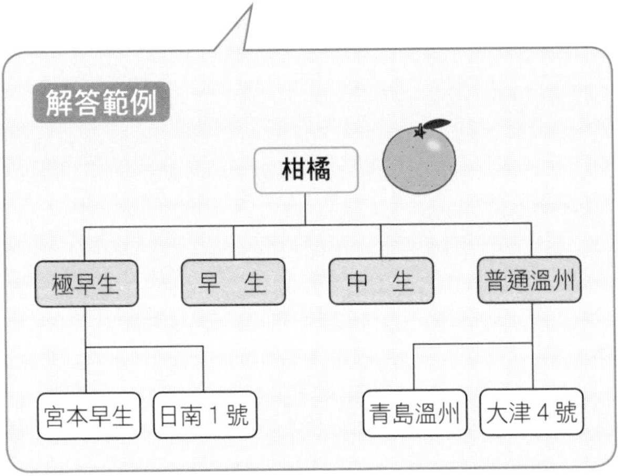

（文章3）

如果有人問道「你的興趣是什麼呢？」，大多數人會回答：運動。在星期天的公園裡，映入眼簾的會是正在跑步的、玩傳接球的、打羽毛球的，從事各式各樣運動的男女老少。其中最受歡迎的是足球。有幾個理由使得足球受歡迎，首先，不分男女老少都能享受足球的樂趣是最大的理由；我們會發現從年輕人到上了年紀的人都能樂在其中；同時，不論男女，足球比賽舉辦時大家都能不分你我一起同樂，這也是足球吸引人的地方；另外，只需要很簡單的準備也是一大理由，因為除了球以外不需要其他用品，任何地方都能輕鬆地玩起足球；而且它不需要經過訓練，任何人都能立刻參與；踢足球時需要不停地跑、走、或立刻停住，這樣對維持健康也很有幫助。

學生的解答例子

- 足球受歡迎的理由
  - 不分男女老少
    - 年紀大的人
    - 年輕人
  - 不分性別
    - 男性
    - 女性
  - 準備上很簡單
  - 不需要訓練

「不分男女老少」和「不分性別」有重複之處

歸類有問題

遺漏了「對維持健康很有幫助」

老師的試作範例

- 足球受歡迎的理由
  - 不分男女老少
    - 不分年齡
    - 不分男女
  - 準備上很簡單
    - 不需要經過特別的訓練
    - 不需要太多的用具
  - 對維持健康很有幫助

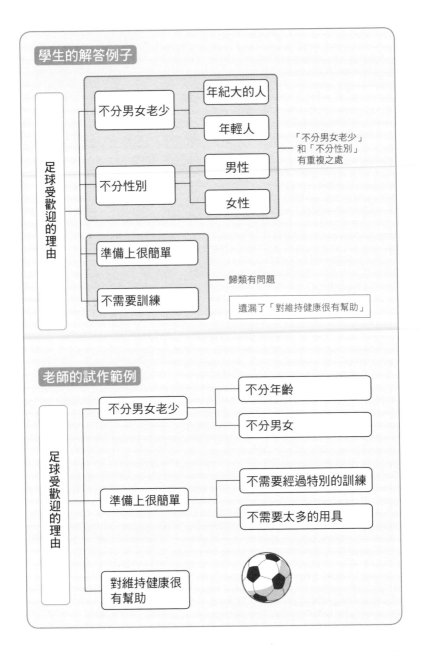

④「邏輯思考」會扼殺「創意」嗎？

提出新點子，解決電力不足的問題

老　　師：「電視或報紙常常報導今後將會有電力不足的問題，我們應該如何因應呢？請大家試著想想辦法。」

公太同學：「盡量不用電過生活。」

真菜同學：「現在太陽能發電或風力發電還沒有充分利用，是不是可以增加這類的發電呢？而且再生能源（renewable energy）對環境的影響也比較小。」

遙 同 學：「但是火力發電以外的其他發電方式，發電效率似乎不高，核能發電雖然能帶來很多電力，但因為發生事故時會造成極大的問題，據說已不再增加核能發電廠的數量。」

公太同學：「果然還是盡量不用電最好，不是嗎？」

購買電力的想法

遙　同　學：「向外國購買電力，這個主意如何？」

公太同學：「這件事能辦得到嗎？」

遙　同　學：「可是我們每個家庭都是向電力公司買電的，所以這個辦法應該可行，對吧？」

真菜同學：「但是從遠處輸送電力過來似乎非常困難，據說長時間預先儲存電力的技術還沒有成熟。」

公太同學：「那麼，我們也可以盡全力去製造能夠長時間儲存電力的蓄電池呀。而且這種蓄電池如果賣給外國，應該會成為『日本之光』吧。」

在這段討論中，使大家熱烈討論而且引導出一些結論的人，無疑是我們的遙同學，不是嗎？

在這段討論中，雖然不確定該結論是否具有可行性，但至少周圍的人覺得「這是個有趣的想法」而且從這一觀點又引導出新想法或是新結論。遙同學「購買電力」的想法不光只是用各種方法產生電力，還具有擴展增加手中持有電力的方法的深遠意義。公太同學將遙同學的意見進一步推演，為了增加「手中持有的電力」，不光是

製造石油的想法

真菜同學：「但是，如果擁有大量石油的話，不就能生產出足夠的電力嗎？」

公太同學：「似乎再過五十年石油就會耗盡了。」

遙　同　學：「但是，石油是生物的屍體經過多少萬年的轉化而形成的，因此如果有一種能馬上從生物的屍體製造出石油的方法，是不是不發展其他如風力發電之類的也可以呢？」

公太同學：「嗯，這麼說的話也對喔！那就不需要擔心『沒有石油』這件事了。」

增加發電量還擴大到預先儲存電力。

與一開始的「如果火力發電不可行就進行風力發電；不行的話再改成水力；還是不行就改用核能」的討論相比，如今發表的內容變得相當廣泛。

如果成年人看到這一段討論過程，應該會給予遙同學或公太同學「創意豐富」、「具備靈活的構思能力」、「點子王」這樣的評價。

從提出電力不足的對策開始進行討論，但結論並不止於「如果火力發電不可行就進行風力發電；不行的話再改成水力；還是不行就改用核能」，你是否感覺到孩子們思考的視野擴大了許多呢？

這就是課堂上小學生們進行討論時的實際情形。

先不管有關二氧化碳、溫室效應的問題，或是技術上的可行性，我想從以上的對話轉而討論：遙同學是否真的是「創意豐富」、「擁有與眾不同的觀點」？

比起其他人，遙同學或公太同學是否更具備「靈活的構思能力」呢？

這是因為他們天生頭腦就比較聰明嗎？

在大家針對發電方式的想法接連不斷的陳述中，遙同學想出「購買電力」的想法，其原因絕不是因為「頭腦聰明」；而是因為她把「取得電力」的現實情境，概括性地分為「自行生產」和「從他人處獲得」這兩項之後進行思考，所獲得的結果。

同時，我們知道公太同學是分為「生產電力」和「預先儲存電力」這兩個現實情境而進行思考的。

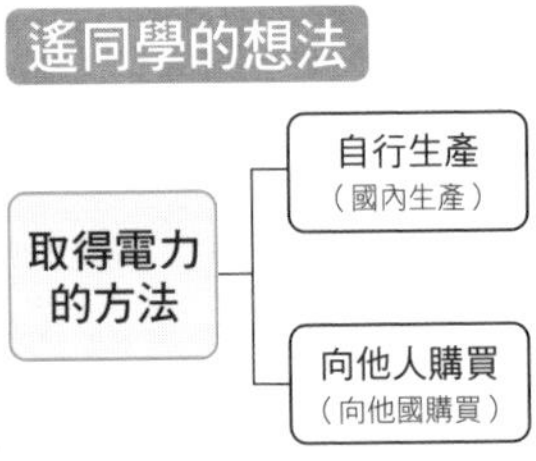

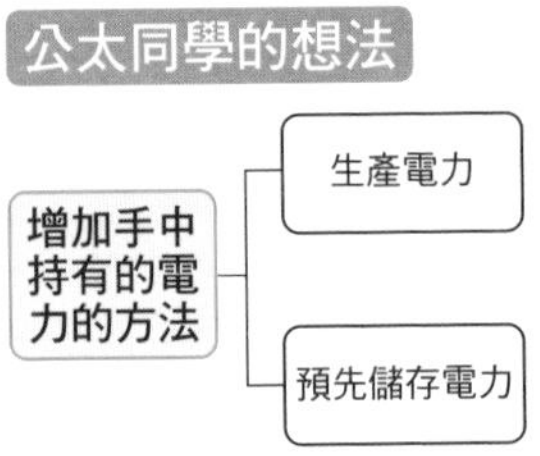

進一步，遙同學從石油不足問題開始，將取得石油一事分為「減少石油的使用量」和「增加石油的生產」兩個現實情境，想出「如果能加速生物屍體轉化為石油的過程，馬上就能增加手中的石油」。

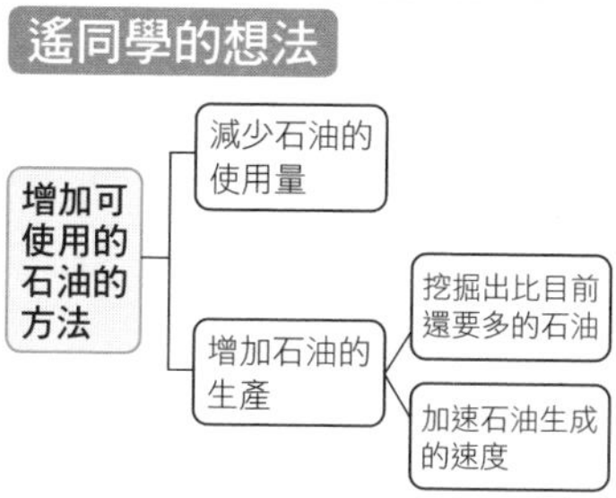

遙同學或公太同學的思考方式是不斷藉由「將現實情境分為幾個項目加以掌握」的邏輯思考方法。

當我們碰到「獨創性的構思」和「一般人想不到的點子」時，通常都不知道這些想法是如何組織而產生的，因為不知道它是如何產生的，所以總覺得彷彿是與生俱來的天賦一般的神祕。

但是，乍看之下以為是擁有與生俱來的天賦才能想出的獨創性構思，常常是基於仔細整理（井然有序地進行思考）思考方式之後產生的結果。

經由邏輯思考、整理事物來擴大構思的範圍，有時就會萌生出「獨創性的」概念。

我們成年人不要以簡單的二分法，輕易認定孩子是「右腦發達還是左腦發達」、「好講理的還是衝動的」、「理智型還是感性型」，而是要去了解孩子所建立的輸出方式（像是判斷、構思）是經由怎樣的思考途徑產生的，這樣子去認識孩子。

像是我們的邏輯思考課程

所教導的「邏輯思考力」和社會上所說的「創意思考」，並不是涇渭分明的兩種不同的東西。

產生「構思、創意」的其中一個方法就是「邏輯思考力」，雖然不能光只是加強「邏輯思考力」的訓練，但是鍛鍊「邏輯思考力」會導致「創意」鈍化，這是極大的誤解！

⑤ 藉由建立結構，仔細檢視想法

如何才能成為有錢人

老　師：「接著，請大家想想變成有錢人的方法。」
公太同學：「當公司負責人！」
真菜同學：「當醫生！」
遙 同 學：「當小偷！」
公太同學：「什麼！這種也算是嗎？」
遙 同 學：「可是就算是當小偷也能變得有錢，不是嗎？像是魯邦三世之類的。」
真菜同學：「的確是這樣。」
公太同學：「這～那麼，律師……」
老　師：「好！再這樣繼續下去的話我想大家一定能提出各式各樣的想法；不

過，現在請大家針對『成為有錢人的方法』建立結構。」

學生的解答例

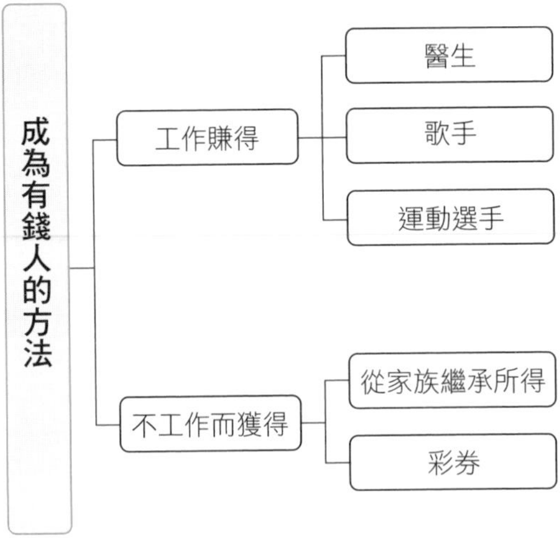

之前曾經提過，將含糊不清的想法建立結構看看，就能避免遺漏或重複，可以呈現出更全面性、更具體的想法，這是建立結構的重要目的之一。

其他例如以「怎麼做才能提升成績？」為主題，如果從主題開始，思考解決策略：

- 大量學習
- 長時間讀書
- 認真用功
- 多做習題

成為有錢人的兩種方法

老　　師：「舉例來說，不買原本要買的汽車而將買車的錢存起來，和買了汽車時相比就多存了汽車售價的金額，這樣一來可以想成是變得有錢了，對吧！了解這個說法嗎？」

遙同學：「原來如此！將成為有錢人視為『增加手中的金錢』進行思考，說不定會想出再多的方法。」

老　　師：「這樣想的話原本說到成為有錢人，要分類的話要怎麼做呢？」

真菜同學：「我懂了！賺得的和存的！」

老　　師：「嗯！真是有趣的想法！那麼，請試著再一次針對『成為有錢人的方法』大致分為兩項，來建立結構看看。」

這些想法都很好，但是可能無法與實際的行動相結合，因而含糊不清，可能會讓人覺得「只有這樣嗎」、「其他呢」？

不是從「提升成績」這個大目標開始制定行動計畫，首先要針對「提升成績」這個現實情境是如何構成的，來建立結構，然後針對各個項目思考具體的解決策略或方法，而朝向解決問題的方向前進。

成為有錢人方法的結構建立例子

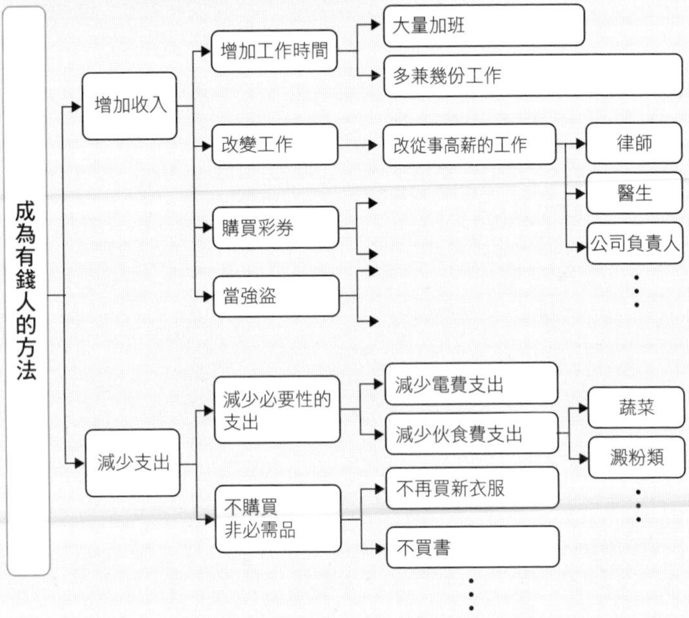

提升成績方法的解答例子

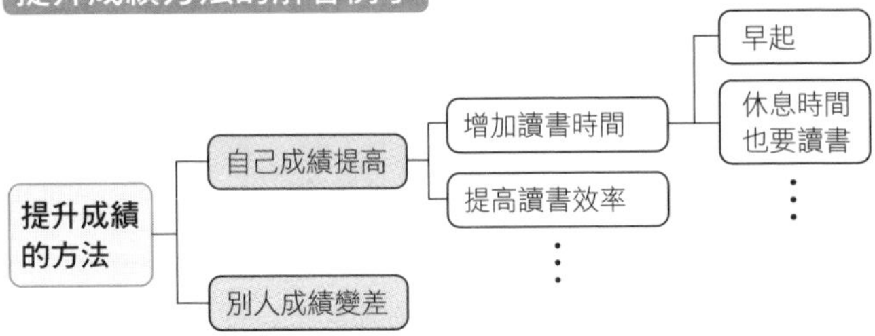

⑥ 建立結構之後，更容易讓人了解

對顧客意見箱進行整理

老　師：「我認為大家已經逐漸了解為什麼需要建立結構了。接下來多練習一些題目吧！大家知道許多店家都有擺設『顧客意見箱』嗎？請光臨的顧客寫下對於該店家的意見，以供參考如何讓自己的店更受歡迎，或應該如何改進。以下是某家書店收到的約有15項顧客意見，請大家看看。」

1. 商品種類眾多
2. 店內寬敞
3. 店員應對得體
4. 收銀台數量少，顧客常常需要長時間等待
5. 地板濕滑
6. 設有自動櫃員機（ATM）非常方便
7. 離家近，馬上就能到達
8. 店員人數少，有問題時難詢問
9. 營業時間二十四小時全年無休
10. 沒有停車場，無法開車來購物
11. 有代收各種費用的服務
12. 食品中不使用添加物，讓人感到安心
13. 結帳迅速又正確
14. 店員儀容乾淨整齊
15. 對於店內禁止站著閱讀很不滿

快速區分事物的能力，與構思的豐富性和易理解性息息相關。所以，如果先知道一些分類上常用的切割方式的話，會很有幫助。

某個程度來說，如果知道了分割的方法並且好好運用的話，可以幫助俯瞰某個現實情境的組成要素有哪些，並加以思考。

在上述例子中：

- 好事、壞事（正面評價、負面評價；讚美、批評）
- 關於人的內容、關於事物的內容

可以用這樣的切割方式來分類。

假設各位是這間書店的店員，現在要向書店負責人報告顧客意見箱中有哪些意見反應。那麼，你要如何報告呢？」

用條列式列舉法，根本記不住

公太同學：「老闆！我要跟你報告顧客意見箱中反映的意見。總共有15項，首先是商品種類眾多、其次是店內寬敞、接著是店員應對得體、然後是……」

老　　師：「報告結束了嗎？那麼，什麼樣的意見最多？」

公太同學：「那麼我再說一遍。首先是商品種類眾多、其次是店內寬敞、接著是店員應對得體、然後是……」

除此之外，還有以所在地點、以時間（過去、現在、未來）為主軸、或是以科目等等進行分類。盡可能將一些常用的分類方法先儲存在腦海中，這樣一來就能自然而然地學會不遺漏、不重複地分析歸納事物。

社會人士的話，會將業績分為營業額和利潤；為了分析公司的營運策略，會分為3C：顧客（customer）、自家公司（company）、競爭對手（competitor）。有關行銷方面分為4P：產品（product）、價格（price）、通路（place）、促銷方法（promotion），商業上會以這種分類方式進行思考。不知道你

老　師：「好！停！謝謝公太同學！到這裡就好。告訴我一共有15項和一開始的幾項意見的『整體全貌』，我認為這是非常好的。但是，將15項意見原封不動依序報告出來，我認為這樣是沒有人能記得住的。真菜同學，15項意見中你記得有哪些內容呢？」

真菜同學：「地板濕滑。」

老　師：「是有這一項。其他的呢？」

真菜同學：「不記得了，還有哪些？」

老　師：「就是這樣的情況！條列式列舉法非常非常方便好用，但是15項內容一個接一個這樣報告的話，最後會變得什麼也不知道。明明是好不容易得到的意見調查結果，明明是對書店經營非常有幫助的

是否對這些已經很熟悉了呢？

（編按：可參考經濟新潮社出版的《邏輯思考的技術》，第78～81頁）

以下是我們在課堂上讓學生練習切割方式的題目。

「請將下列事物分成兩類（或兩類以上）。」

■生物
■飲料
■學校
■人
■電器產品
■金錢

成果，若是派不上用場就沒有任何意義了，對吧！」

遙同學：「也就是說要先分析整理這些顧客意見，再進行報告，是吧？」

老　師：「就是這個意思！」

進行大致上的分類

老　師：「因為我們正在做建立結構的練習，所以大家要不要試著把這份意見調查結果，大致分為兩個群組試試看呢？」

真菜同學：「我知道了！可以分成好的（正面評價）和壞的（負面評價），也可以說是稱讚的和必須改進的。」

老　師：「很好！有沒有其他的分類方法？」

遙同學：「也可以分為關於人的項目和關於建築物或事物的項目。」

老　師：「非常好的分類法！對，就是我經常提到的軟體設施和硬體設施，能想到這個分類方法真的很了不起。」

⑦報告可以用「大致上分為幾項」的形式向對方傳達

做報告的方法

老　　師：「要傳達任何事情時，盡可能先分析歸納之後再表達，這樣對聽話者來說比較輕鬆，也就是要讓聽話者容易理解，大家明白這個意思吧。」

分類時要注意不遺漏、不重複，這樣可以表達得更完整，我想大家也明白這一點了。

還有，請大家記住這個報告的方法——要傳達任何事情時，可以利用以下的形式：

『××（主題名稱），大致上可以分為○大項，

第一個是……

另一個是……

第一項當中有……』」

不只是「大致上可以分為幾項」的表達方式，小學生會想在各種場合運用已經記得的邏輯思考方法或架構，他們一想到「這個可以用邏輯思考進行」、「建立架構的話就更容易理解」，就會去試著運用在更多場合上。

當然這並不是壞事。

但是，若是因為無視於場合堅持一定要運用這些方法，有時候在與朋友或家人對話時，會令人感覺「說話帶刺」。

學校、我們補習班的老師、還有家長，必須要去教

利用金字塔結構，可以讓對方更容易了解

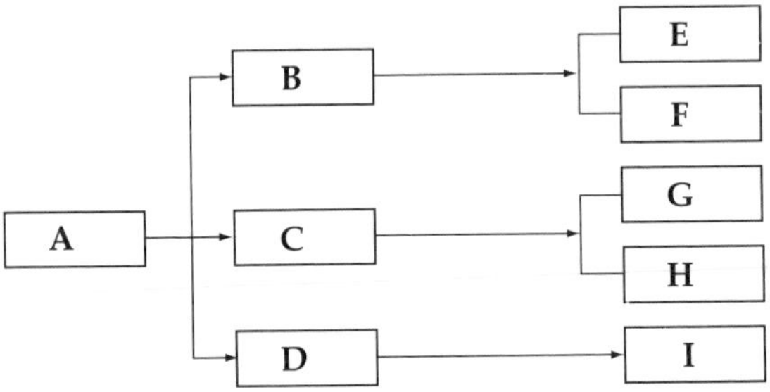

我認為是A的理由大致上可分為三項。第一項是B、第二項是C、第三項是D。B的話可以分成E還有F；C可以分成G和H；D的話就是I。

請記住這樣的說明方式：**「××大致上可分為〇項，第一項是……、第二項是……、第三項是……。」**

導孩子分辨，有必須運用邏輯思考的場合，也有不應該使用這些工具的場合。同時我認為，為小學生設定一些能盡情發揮的場合來應用已學會的邏輯思考，是很重要的事。

本來小學生的日常生活中，主要是依賴默契（共通的前提）來溝通的。當沒有默契的第三者出現，於是必須要向這個「第三者」傳達自己的意思，這種機會實在不多，曾經也當過小學生的各位，應該會認同這件事吧。

公太同學：「啊！這就是建立結構。」

老　師：「對！這是為內容建立結構，而向對方傳達的方法。用這個方法表達，聽者的腦海中會自然而然描繪出金字塔結構。」

真菜同學：「原來如此！這樣會更容易理解。」

公太同學：「對啊，朝會的時候，師長的報告都很長，往往不知道想表達什麼，有時候真的覺得很無聊。如果將想表達的事用金字塔結構表示，投射在體育館的螢幕上，這樣該有多好啊！」

老　師：「但是將說話的內容建立結構後再說出來，有時候會變得很無趣喔！舉例來說，『桃太郎為了驅鬼所做的事，大致上可以分為3項，一是……』，像這樣的敘述一開始就說出全部的故事情節，這樣就很無趣了喔！」

小學生的環境既然這麼仰賴共通的默契，因此有很多場合不適合於使用不依靠默契、甚至沒有默契也行得通的邏輯思考方法，這是可以理解的。

公太同學：「真的是這樣。」

老　師：「在有必要先整理內容再傳達的時候，這個『～（主題）大致上可分為幾個項目』的表達方式是非常有幫助的，大家要嘗試做做看！」

主題的例子

- 遲到的理由
- 喜歡的書籍種類
- 今天學校發生的事

老　師：「請注意分類的第一項和第二項不能重複，大家要盡可能注意『不遺漏、不重複』，這樣一來各位所表達的內容，別人會更容易了解。」

結語

二〇〇四年一月初，新年的氣氛還籠罩著街頭，我和當時在外資企管顧問公司一同任職的同事、前輩還有人事部門的人一起聚餐，談論著今後如何在職場上發展，才能出人頭地，今後想參加什麼樣的專案計畫（project）等等。優秀又充滿自信的同事和前輩閃閃發亮的眼神，說明他們內心昂揚的情緒，而當時的我卻懷抱著想從事某個更是非我不可的工作，這樣的桀傲不馴的想法，這件事一直在我腦海中記憶猶新。

在這個聚會中途，我接到了一通電話，是當時正在其他公司從事顧問工作、也是「學習塾Lojim」現任塾長苅野進先生打來的。

「野村先生，要不要一起開一家公司？一起做些有趣的事吧！」

這一通不尋常而且深具吸引力的電話令我坐立不安，等我回神時我已經從公司餐敘中途離席，朝著苅野先生和須田先生（學習塾Lojim創始成員）當時在東京都內經營的一間國際學校的所在地前進了。

彼此交談著我們可以做的事、深感興趣的事、認為有必要的事，一下子就完成了以提高年輕世代的「思考力」，誇張地說是「生存力」的事業主軸。然後，以邏輯思考為基礎的新教育計畫就成形了。

承蒙認識的大學教授和出版社先進的協助，找到教室地點、安排課程，二〇〇五年二月學習塾Lojim在東京都的門前仲町誕生了。現任講師向井先生的加入，現有的任課老師和行政人員的組成，都歷經了一番波折，成就了現在的學習塾Lojim。

設立之初，學習塾Lojim所高舉的「培養獨立自主的社會人士」的目標當然至今未曾改變，而且為了實現這個目標，我一直認為還有許多要做的事，老實說，小學生的學習環境總是令人覺得「有什麼地方就是不對勁」。

光是靠學習塾Lojim的力量是不夠的，大家應該一起伸出援手，幫助快被周圍雜音給淹沒的小學生發現自己思考與行動的樂趣。到目前為止也是，我們一直持續進行著與業界的產學合作計畫；開發國小、國中、高中的課程並提供建議，或是到府授課；和大學的教育研究者交換意見等等。為了未來的人才培育，我們一直期望著和擁有相同想法的先進們一起思考、一起努力做些事。

最後，本書製作期間承蒙中經出版社龍川優先生給予我的寶貴機會，我想向他致上真摯的謝意；同時，我想向一直以來協助學習塾Lojim營運的諸多賢達人士，還有每天以理解溫暖的目光守護著學習塾Lojim的各位家長們，獻上我的感謝之心。由於大家嚴厲的指正，學習塾Lojim的課程才能不斷地進步。

野村龍一

二〇一一年九月

■學習塾Lojim　教室檔案資料

二〇〇四年四月設立，日本第一間以小學生為授課對象、正式採用邏輯思考的學習塾（補習班）。二〇〇五年二月設立門前仲町教室、二〇〇九年二月設立代代木教室；二〇一〇年九月發行原創的函授教材「每日的邏輯思考訓練」；目標不僅止於應付考試，更希望培養孩子「未來的生存力」而教授邏輯思考，還有以邏輯思考為基礎的各個學科。

全體學生聽講以小學生為對象的邏輯思考課程，學習藉由建立假設進行思考的方法、整理分類事物的方法、整合討論結果並發表意見的方法。

我們也在江東區立八名川小學負責邏輯思考特別課程，並且，也曾經在日本女子大學（生涯學習課）負責教授以小學生為對象的邏輯思考課程等等，也接受來自外部教育機構的委託而進行教學指導。

■我們提供的服務

- 教授邏輯思考課程
- 教授以邏輯思考為基礎的學科（國語、數學、自然、社會）

・函授教材「每日的邏輯思考訓練」
・課程企劃／開發
・到府授課、研修（小學等教育機構與法人團體）

■本書協助執筆者

岩澤 剛明（學習塾Lojim專任講師）
坂原 康弘（學習塾Lojim專任講師）
中川 孔明（學習塾Lojim專任講師）
向井 廣樹（學習塾Lojim專任講師）

國家圖書館出版品預行編目資料

教出會獨立思考的小孩：教你的孩子學會表達「事實」與「邏輯」的能力／苅野進、野村龍一著；侯美華譯. -- 二版. -- 臺北市：經濟新潮社出版：家庭傳媒城邦分公司發行, 2020.02
面；　公分. --（自由學習；26）
ISBN 978-986-98680-1-3（平裝）

1. 親職教育　2. 親子關係　3. 思考

528.2　　109000903